In 30 Minuten wissen Sie mehr!

Dieses Buch ist so konzipiert, dass Sie in kurzer Zeit prägnante und fundierte Informationen aufnehmen können. Mithilfe eines Leitsystems werden Sie durch das Buch geführt. Es erlaubt Ihnen, innerhalb Ihres persönlichen Zeitkontingents (von 10 bis 30 Minuten) das Wesentliche zu erfassen.

Kurze Lesezeit
In 30 Minuten können Sie das ganze Buch lesen. Wenn Sie weniger Zeit haben, lesen Sie gezielt nur die Stellen, die für Sie wichtige Informationen beinhalten.

- Alle wichtigen Informationen sind blau gedruckt.

- Schlüsselfragen mit Seitenverweisen zu Beginn eines jeden Kapitels erlauben eine schnelle Orientierung: Sie blättern direkt auf die Seite, die Ihre Wissenslücke schließt.

- *Zahlreiche Zusammenfassungen innerhalb der Kapitel erlauben das schnelle Querlesen.*

- Ein Fast Reader am Ende des Buches fasst alle wichtigen Aspekte zusammen.

- Ein Register erleichtert

Inhalt

Vorwort	**6**
1. Was bedeutet Flow?	**9**
Die Entdeckung des Flows	10
Die zehn Charakteristika des Flows	12
Wie viel Flow birgt Ihr Job?	17
2. Die Hintergründe des Flows	**23**
Flow-Effekte	24
Flow als Burnout-Prävention	30
3. Flow-verhindernde Arbeitswelt	**37**
Die digitalisierte Arbeitswelt	38
Fünf Denkfallen und wie Sie sie umgehen	39
4. Flow und innere Einstellung	**53**
Stress ist kontraproduktiv für Flow	54
Herausforderung oder Bedrohung?	63
BRAIN – Das Trainingsprogramm für den Kopf	70
5. Flow-gerechtes Arbeiten	**75**
Die Job-Inventur	76
So definieren Sie Ihren Job neu	79
Zehn Tipps für flow-gerechtes Arbeiten	83

Fast Reader	89
Der Autor	93
Weiterführende Literatur	94
Register	96

Vorwort

„Früher arbeiteten die Menschen, um zu leben, heute leben die Menschen, um zu arbeiten", schrieb bereits Bertolt Brecht. Hand aufs Herz: Leben Sie, um zu arbeiten – oder arbeiten Sie, um zu leben? Zweifellos ist Arbeit ein wesentlicher Bestandteil unseres Lebens, jedoch auch ein zweischneidiges Schwert: Sie kann uns zufrieden, gesund und glücklich machen, aber auch in chronische Erschöpfung, Krankheit und Depression münden. Seit Computer, Handy und Internet Einzug in unser Arbeitsleben gehalten haben, haben auch die arbeitsbedingten Belastungen zugenommen: Chronischer Stress, permanente Erreichbarkeit, ständiger Zeit- und Leistungsdruck, die Entgrenzung von Berufs- und Privatleben sowie eine nie gekannte Arbeitsplatzunsicherheit stellen den modernen Kopfarbeiter vor enorme psychische Herausforderungen. Mehr als zwei Drittel aller Deutschen geben an, permanent gestresst zu sein, sich innerlich unruhig und chronisch unter Druck zu fühlen. Auf der anderen Seite benötigen wir Menschen Arbeit, um uns entwickeln zu können und Glück und innere Zufriedenheit zu erfahren.

30 Minuten Flow zeigt, dass mit der Frage „Wie gestalte ich meine Arbeit flow-gerecht?" ein gesunder Umdenkprozess angestoßen wird, der wie eine Wunderpille gegen die Gefahren der modernen Arbeitswelt wirken kann. Sie erfahren, wie Sie Ihren Arbeitsplatz zur Glücksquelle machen, wie Arbeit zum Spiel wird und wie Sie durch flow-gerechtes Arbeiten Ihre Gesundheit stärken, Ihre Motivation schüren und sich langfristig vor Burnout schützen.

Ausgehend von Mihályi Csíkszentmihályis weltbekanntem Flow-Konzept, das die Rahmenbedingungen für gesundes und kraftvolles Arbeiten wie kein anderes charakterisiert, erfahren Sie in 30 Minuten, nach welchen Spielregeln das Prinzip „Flow" funktioniert und dass Sie mehr Einfluss haben, in Ihrem Job glücklich zu werden, als Sie bisher vielleicht gedacht haben.

Wenn wir in diese Richtung denken, wie Arbeit dazu dient, uns glücklich und zufrieden zu machen, erhöhen wir unsere Lebensqualität, innere Zufriedenheit und Gesundheit. Und darum geht's, oder?

Viel Freude beim Lesen und zahlreiche Inspirationen für Ihren beruflichen Alltag wünscht Ihnen

Ihr
Markus Hornig

30 MINUTEN

Woher stammt das Flow-Konzept?
Seite 10

Welche Voraussetzungen benötigt man, um in Flow zu kommen?
Seite 12

Wie viel Flow steckt in Ihrem Job?
Seite 17

1. Was bedeutet Flow?

Jeder kennt diese Tage, wenn man zu seiner persönlichen Bestform aufläuft, wenn einem die Dinge flüssig von der Hand gehen, man in einen regelrechten Schaffensrausch gerät, einen nichts ablenkt, man Probleme mit spielerischer Leichtigkeit löst, sich kein Gedanke an ein mögliches Scheitern meldet, die Energie schier unendlich ist und man am Ende des Tages mehr geschafft hat als manchmal in einer gesamten Woche. Wie schön wäre es doch, wären diese hochproduktiven Phasen nicht so spärlich gesät und würde es einen Weg geben, der zielsicher in diese energiegeladene Schaffensfreude führt. Die gute Nachricht: Diesen Weg gibt es! Wenn wir verstehen, welche Rahmenbedingungen es benötigt und mit welcher Einstellung wir uns auf den Weg machen sollten, dann halten wir den Schlüssel selbst in der Hand, um – wann immer wir wollen – in diesen lustvollen Zustand hochproduktiven Arbeitens einzutauchen.

1.1 Die Entdeckung des Flows

Mihály Csíkszentmihályi, Professor für Psychologie an der University of Chicago, gilt als Pionier bei der Erforschung der Gesetzmäßigkeiten der Spitzenleistung, Motivation und Arbeitszufriedenheit. Mit seinem Flow-Konzept hat er als erster Forscher beschrieben, welche inneren und äußeren Rahmenbedingungen gegeben sein sollten, damit Arbeit zur Glücksquelle werden kann.

Bereits in den 1970er-Jahren prägte er einen Begriff, der weltweit auf enorme Beachtung stoßen sollte und heute aktueller ist denn je: Flow, was übersetzt so viel bedeutet wie „fließen, rinnen, strömen". Flow bedeutet, dass eine Leistung bzw. das Gelingen einer Aufgabe gewissermaßen wie von selbst fließt, ohne dass man sich dabei besonders anstrengen müsste. Flow beschreibt den Zustand der völligen Vertiefung und des Aufgehens in einer Tätigkeit. Man taucht ein in einen regelrechten Schaffens- und Tätigkeitsrausch: Denken, Fühlen und Wollen befinden sich im harmonischen Einklang. Während des Flows ist man hoch konzentriert, hellwach, aber dennoch entspannt. Man hat Spaß, die Dinge laufen, man arbeitet hochproduktiv, entwickelt Hingabe, Schaffensfreude und Leidenschaft während des Tuns. *„Befinden wir uns im Flow, sind unser Fühlen, unser Wollen und unser Denken in Übereinstimmung. Die aktuelle Handlung passiert mit einer Leichtigkeit und geht mühelos, wie einer inneren Logik folgend vonstat-*

ten" (Csíkszentmihályi, 2000, S. 15), beschreibt Csíkszentmihályi selbst diesen außergewöhnlichen Zustand.

Was motiviert uns Menschen wirklich?

Ausgangspunkt für Csíkszentmihályis Forschungen war die Frage, was Menschen motiviert, Tätigkeiten nachzugehen, denen keine konventionellen Belohnungen, z.B. in Form von Geld, gegenüberstehen. Zu Beginn seiner Untersuchungen befragte er eine Reihe von Bergsteigern, um herauszufinden, was sie antrieb. Er erhielt sinngemäß immer dieselbe Antwort, nämlich dass sie wegen des Glücksgefühls kletterten, das sich während des Kletterns einstellte, und nicht – wie man meinen könnte – wegen der Erreichung des Gipfels. Csíkszentmihályi weitete seine Untersuchungen auf verschiedenste Berufsgruppen aus und führte Hunderte von Interviews. Er stellte fest, dass die Menschen ein regelrechtes Hochgefühl beschrieben, wenn sie in ihrer Arbeit aufgingen und richtiggehend aufblühten. Der Dirigent eines Orchesters beschrieb den Zustand seines Schaffensrauschs nahezu identisch mit dem des Technikers, der in seiner Werkstatt tüftelt, des Chirurgen, der eine Operation durchführt, oder des Sportlers, der gerade seine Topform beschreibt.

Csíkszentmihályis Untersuchungen haben gezeigt, dass wir Flow vor allem dann erleben, wenn wir in unserer Tätigkeit vollkommen aufgehen. Das Erreichen eines selbst gesteckten Ziels ist im Flow-Zustand zweitrangig.

1.2 Die zehn Charakteristika des Flows

Im Jahr 1975 veröffentlichte Csíkszentmihályi zum ersten Mal den Begriff Flow, der die inneren und äußeren
Bedingungen beschreibt, damit die Menschen in diesen
besonderen Zustand eintauchen können. Darin definiert
er konkrete Rahmenbedingungen, die die Struktur des
Flow-Erlebens beschreiben und seine Bedingungen und
Begleitumstände erläutern. Csíkszentmihályi liefert eine
sehr gute Orientierung, die jeder Einzelne seinen indivi-
duellen Voraussetzungen entsprechend nutzen kann,
um in Flow zu geraten. Die folgenden zehn Punkte beschreiben die zentralen Prinzipien des Flow-Konzepts,
ohne einen Anspruch auf Vollständigkeit zu erheben.
Die ersten drei Faktoren intrinsische Motivation, klares
Ziel und der Herausforderungscharakter stellen die
Ausgangsposition – sozusagen die Startbedingungen –
dar, damit sich Flow in der Folge entwickeln kann. Die
Punkte vier bis zehn beschreiben dagegen den Charak-
ter des Flows bzw. die typischen Elemente der Flow-
Erfahrung.

1. Intrinsische Motivation

„Tun Sie das, was Sie lieben, und lieben Sie das, was Sie
tun!", lautet eine allgemeine Weisheit der Motivations-
forschung. In diesem Satz wird eine zentrale Voraussetzung des Flows zusammengefasst: Man sollte intrin-
sisch, d.h. tief von innen heraus motiviert sein. Intrin-

sisch bedeutet, dass einem das, was man tut, Freude bereitet, dass die Tätigkeit den eigenen Interessen und Talenten entspricht und dass man die entsprechende Tätigkeit aus freien Stücken durchführt. Bei intrinsischer Motivation belohnt man sich selbst durch die positiven Emotionen, die man während der Tätigkeit empfindet. Wer versunken Gitarre spielt, mit Hingabe einen Vortrag vorbereitet oder mit Liebe unterrichtet, tut dies in erster Linie nicht, weil er dafür eine Belohnung erhält, sondern weil er eine besondere Freude und Glücksgefühle dabei empfindet.

2. Klares Ziel

Flow benötigt ein klares Ziel. Es sollte nach Möglichkeit selbst gesteckt sowie klar und eindeutig definiert sein. Mit einem klar definierten Ziel fällt der Startschuss, sich so gut wie möglich einzubringen und strategisch auf das angestrebte Ergebnis hinzuarbeiten. Ein klares Ziel sorgt dafür, dass wir uns in einer oft von Hektik und Chaos dominierten Arbeitswelt fokussieren und unsere Konzentration bündeln.

3. Herausforderungscharakter

Voraussetzung für Flow ist der Herausforderungscharakter einer Tätigkeit. Überfordert eine Aufgabe, macht sich schnell Frust breit, gefolgt von Besorgnis, die schließlich in Versagensangst münden kann. Ist eine Aufgabe hingegen zu leicht, fühlen wir uns unterfordert und Langeweile macht sich schnell breit.

4. Unbewusste Konzentration

Sind die drei genannten Voraussetzungen erfüllt, fällt der Startschuss, in die flow-typische Form der Konzentration einzutauchen: Es ist ein Zustand klarster Aufmerksamkeit, innerer Ruhe, aber gleichzeitig höchster Energie. Konzentration im Flow bedeutet: Man muss sich nicht bewusst dazu zwingen, sie fließt von selbst, sie kommt von innen. Wir handeln instinktiv und spontan, ohne bewusst darüber nachdenken zu müssen, was zu tun oder zu lassen ist. Ein Autopilot in unserem Gehirn übernimmt das Kommando, im Flow arbeiten wir mit einem anderen Betriebssystem. Das bewusste Denken steht still, wir werden zum passiven Beobachter unseres eigenen Tuns.

5. Im Hier und Jetzt sein

Gegenwartsbezogene Konzentration zeichnet sich dadurch aus, gedanklich und emotional permanent im Hier und Jetzt zu verweilen, ohne von abschweifenden Gedanken abgelenkt zu werden. Wir sind vertieft in das, was wir tun, eine natürliche Fähigkeit, die wir als Kind noch beherrscht haben, die alles um uns vergessen ließ, wenn wir tief versunken eine Sandburg oder mit Klötzen Türme bauten. Die Krankenschwester, die die Medikamente sortiert, hört nicht das Stimmengewirr im Hintergrund, der Monteur, der die Bremsen am Aufzug repariert, bemerkt nicht die Passanten, die an ihm vorbeigehen.

6. Kontrolle

Kontrolle bedeutet, zu merken, dass die eigenen Fähigkeiten ausreichen, um die entsprechende Aufgabe zu meistern. Man weiß also, dass man es selbst in der Hand hat, die Aufgabe erfolgreich zu bewältigen. Man weiß, was zu tun ist, und spürt das Selbstvertrauen, dass man die Aufgabe trotz der hohen Anforderung bewältigen kann, auch wenn man dabei möglicherweise an seine Grenzen gehen muss.

7. Feedback

Sobald wir eine Aufgabe angehen, hat unser Gehirn bereits einen fertigen Plan skizziert, sozusagen eine Kopie des Programms, an dem sie die Handlungen mit der Realität permanent abgleicht. Durch diesen permanenten Ist-Soll-Vergleich entsteht Feedback, ob wir uns auf dem richtigen Weg befinden, ob wir die richtigen Strategien einsetzen und wie wir im Zeitplan liegen. Durch entsprechende Rückmeldungen wissen wir: „Ich mache das Richtige." Diese Rückmeldungen stellen sich jedoch von selbst ein, d.h., wir fragen nicht bewusst danach. Rückmeldungen dienen gleichsam unserer Motivation, denn jedes Erreichen eines Etappenziels, jeder Fortschritt schürt unsere Energie.

8. Subjektives Zeitempfinden

Wer im Flow ins Hier und Jetzt eintaucht, bemerkt, dass sich der Zeitbegriff verändert. Im Flow verlieren wir oft das subjektive Zeitgefühl. Wie bei einem fesselnden

Vortrag, einem spannenden Film oder einem angeregten Gespräch scheint die Zeit schneller zu vergehen.

9. Selbstvergessenheit
Im Flow wird man eins mit dem, was man tut. Flow absorbiert die vollständige Konzentration; Aktivität und Aufmerksamkeit verschmelzen. Das Fehlen der gewohnten Selbstreflexion ist ein typisches Kennzeichen von Flow.

10. Mühelosigkeit
Flow zeichnet sich durch eine besondere Form der Mühelosigkeit aus. Subjektiv ist sich der Handelnde aber keiner besonderen Anstrengung bewusst, auch wenn er z.B. beim Klettern, beim Spielen eines Solos oder bei einem mitreißenden Vortrag ein beachtliches Maß an Energie aufbringt.

Mit dem Begriff Flow beschreibt Csíkszentmihályi konkrete innere und äußere Bedingungen, die ein Mensch benötigt, um in diesen besonderen Schaffenszustand eintauchen zu können. Er definiert klare Voraussetzungen, die die Struktur des Flows begründen und seine Bedingungen und Begleitumstände erläutern. Gerade in der heutigen beschleunigten Arbeitswelt, in der Stress und Leistungsdruck den Alltag diktieren, kann das Flow-Konzept wichtige Impulse liefern, wie man besser, motivierter und lustvoller arbeitet.

1. Was bedeutet Flow?

1.3 Wie viel Flow birgt Ihr Job?

Wie weit Flow in der deutschen Arbeitswelt verbreitet ist, zeigen repräsentative Umfragen des Instituts für Demoskopie Allensbach. Auf die Frage „Kennen Sie das: Wenn Sie in eine Tätigkeit so vertieft sind, dass alles andere völlig bedeutungslos wird und Sie die Zeit völlig vergessen?" antworteten die Befragten im Schnitt:

- 25 Prozent: „Ja, das erlebe ich öfter."
- 40 Prozent: „Ja, das erlebe ich ab und zu."
- 25 Prozent: „Ja, das kenne ich, erlebe es aber nur selten."
- 10 Prozent: „Nein, das kenne ich nicht."

Wie würde Ihre Antwort ausfallen? Der folgende Test (in Anlehnung an den Stressforscher Gert Kaluza) zeigt Ihnen, wie viel Flow in Ihrem Job steckt. Sie erfahren, wo Ihnen Ihre Arbeit bereits gute Chancen bietet, in Flow zu geraten, bzw. wo sich Faktoren befinden, die zu kontraproduktiv sind, um in Flow einzutauchen.

So funktioniert der Test

Jeder der folgenden Aussagen folgen zwei Fragen. Die erste lautet: „Trifft das zu?" Die zweite Frage heißt: „Wie wichtig ist das für mich?" Antworten Sie jeweils mit „sehr", „teils-teils" oder „kaum". Damit erkennen Sie die Potenziale für Flow in Ihrem Arbeitsumfeld, aber auch „Baustellen", an denen Sie arbeiten müssen, um mehr Zeit im Flow zu verbringen.

	Trifft das zu?			Wie wichtig ist das für mich?		
	+	o	–	+	o	–
1. Arbeitsinhalte und Sinn						
Meine Arbeit macht mich stolz.						
Ich erlebe meine Arbeit als sinn-vollen Teil eines größeren Ganzen.						
Ich kann mich in meiner Arbeit verwirklichen.						
2. Arbeits- und Zeitorganisation						
Die Arbeit ist so organisiert, dass ich meine Aufgaben in der gefor-derten Qualität erfüllen kann.						
Das von mir verlangte Arbeits-tempo ist angemessen und er-möglicht mir ausreichende Pausen.						
Ich kann meine Aufgaben in der regulären Arbeitszeit erfüllen.						
3. Handlungs- und Entscheidungsspielraum						
Ich kann bei meiner Arbeit viele eigene Entscheidungen treffen.						
Ich kann meine Arbeit selbst-ständig planen und einteilen.						
Ich habe Einfluss auf die Menge der Arbeit, die mir übertragen wird.						

	Trifft das zu?			Wie wichtig ist das für mich?		
	+	o	–	+	o	–
4. Qualifikation						
Bei meiner Arbeit kann ich meine Kenntnisse und Fähigkeiten einbringen.						
Ich kann bei meiner Arbeit immer wieder Neues dazulernen.						
Es gibt für mich gute Möglichkeiten zur Weiterbildung in meinem Betrieb.						
5. Transparenz						
Ich erhalte alle Informationen, die ich brauche, um meine Arbeit gut zu erledigen.						
Es gibt klare Ziele.						
Ich werde rechtzeitig über Veränderungen an meinem Arbeitsplatz informiert.						
6. Work-Life-Balance						
Meine Arbeit lässt mir genügend Freiraum für mein Privatleben.						
Ich kann Arbeit und Privatleben gut voneinander trennen.						
Mein Betrieb unterstützt das Familien- und Privatleben, z.B. durch flexible Arbeitszeiten, wenige Überstunden, Homeoffice etc.						

1.3 Wie viel Flow birgt Ihr Job?

	Trifft das zu?			Wie wichtig ist das für mich?		
	+	o	–	+	o	–
7. Verhältnis zu Kollegen						
Ich erhalte von meinen Kollegen die Anerkennung, die ich verdiene.						
Wenn bei der Arbeit Probleme auftauchen, kann ich mich auf meine Kollegen verlassen.						
Ich fühle mich von den Personen, mit denen ich jeden Tag bei der Arbeit zu tun habe, verstanden und akzeptiert.						
8. Verhältnis zu Vorgesetzten						
Ich erhalte von meinen Vorgesetzten die Anerkennung, die ich verdiene.						
Meine Vorgesetzten behandeln mich immer fair und respektvoll.						
Meine Vorgesetzten stehen hinter mir, auch wenn ich mal einen Fehler gemacht habe.						

Auswertung:

Werfen Sie bei der Analyse Ihrer Ergebnisse zuerst einmal einen Blick auf die Aussagen, die Sie mit „trifft sehr zu" und gleichzeitig mit „sehr wichtig" angekreuzt haben. In diesen Bereichen sind Sie unter dem Aspekt des Flows bereits sehr gut aufgestellt. Dabei handelt es sich um wichtige Ressourcen, die Ihre Arbeitsfreude fördern.

Die Aussagen, die Sie mit „trifft kaum zu" und gleichzeitig mit „sehr wichtig" angekreuzt haben, zeigen Ihnen die Potenziale bzw. die „Baustellen", an denen Sie arbeiten müssen, wenn Sie mehr Flow in Ihren Arbeitsalltag bringen wollen. Wie Sie entsprechende Maßnahmen ergreifen und umsetzen, erfahren Sie im letzten Kapitel „Flow-gerechtes Arbeiten".

Flow bezeichnet einen Zustand, bei dem wir zu unserer persönlichen Bestform auflaufen. Wir arbeiten mit Freude, sind hoch motiviert und energiegeladen. Werden bestimmte äußere und innere Rahmenbedingungen berücksichtigt, schaffen wir die Möglichkeit, zielgerichtet und möglichst oft in diesen rauschartigen und euphorisierenden Zustand einzutauchen und die Arbeit zur Glücksquelle zu machen.

30 MINUTEN

Warum erfordert Flow Aktivität?
Seite 24

Wieso macht Flow gesund?
Seite 25

Warum wirkt Flow Burnout entgegen?
Seite 30

2. Die Hintergründe des Flows

Speziell in den letzten Jahren, in denen stressbedingte Erkrankungen, das Burnout-Syndrom und Depressionen ungemein zugenommen haben, steht die Frage im Raum, welche Rolle die Arbeitswelt in dieser unrühmlichen Entwicklung spielt. Die Gründe, weshalb Menschen ausbrennen, chronisch erschöpft und ausgepowert sind, sind komplex und multikausal, aber eines steht fest: Wer versucht, seine Arbeit an den Gesetzmäßigkeiten des Flows auszurichten, erhöht nicht nur seine Schaffensfreude, sondern aktiviert damit Gesundheit, Wohlbefinden und Zufriedenheit.

2.1 Flow-Effekte

Flow ist nicht nur ein erstrebenswerter Zustand, bei dem wir zu unserer Bestform auflaufen und uns glücklich und zufrieden fühlen. Gleichzeitig fördert Flow unsere Gesundheit: Flow tut uns gut, er verbessert unser Wohlbefinden sowohl körperlich als auch geistig und seelisch.

Flow benötigt Aktivität

Dass Flow Aktivität benötigt, beschrieb der griechische Philosoph Aristoteles mit seinem Begriff „vita activa" bereits im 4. Jh. vor Christus. Auf der Suche nach dem Glück war seiner Meinung nach ein tüchtiges und arbeitsames Leben das Mittel zum Zweck. Auch Csíkszentmihályi stellte fest, dass sich Menschen in aller Regel glücklicher und zufriedener fühlen, wenn sie einer sinnvollen Arbeit nachgehen oder einem anspruchsvollen Hobby frönen. Auch wenn wir uns auf den wohlverdienten Urlaub freuen oder das Wochenende auf der Couch herbeisehnen, tiefes Glück und innere Zufriedenheit zu spüren ist immer eine Folge aktiven Tuns. Csíkszentmihályi weist explizit darauf hin, dass es diese selbst verursachten Glücksgefühle im Flow sind, die uns so guttun, im Gegensatz zu dem kurzfristigen Glück, das wir beispielsweise nach einem Lottogewinn empfinden.

Vieles deutet darauf hin, dass wir Menschen von Natur aus Aktivität und Herausforderungen benötigen, um gesund zu bleiben. Schon als Kind steckt der Trieb in uns, der uns dazu anspornt, Neues zu entdecken und die Welt zu erforschen. Wenn wir unbekanntes Terrain betreten, uns neue Ziele setzen, uns Herausforderungen stellen und neue Erfahrungen sammeln, belohnt uns unser Gehirn im Erfolgsfall mit Glücksgefühlen und tiefer innerer Zufriedenheit.

Flow spart Energie und hält gesund

Was zunächst wie ein Paradoxon klingt, entpuppt sich auf den zweiten Blick als hochgradiger Benefit, speziell wenn es um die Frage geht, wie viel Energie uns für unsere Arbeit zur Verfügung steht. Obwohl wir im Flow mit einer enormen Produktivität und Qualität arbeiten, verbrauchen wir ein vergleichsweise geringes Maß an Energie, weit weniger, als wenn wir mit bewusster Konzentration und Willenskraft arbeiten. Sobald wir in Flow gelangen, schaltet unser Gehirn automatisch in einen flow-spezifischen „Energiesparmodus", der sich in einem besonders ökonomischen und effizienten Umgang mit Energie zeigt. Dabei ist das Gehirn nicht nur besonders entspannt, sondern aktiviert ausschließlich Areale und Potenziale, die nötig sind, um die anstehende Aufgabe ökonomisch, effizient und konzentriert zu bearbeiten. Dieser besondere Energiesparmodus erklärt, weshalb wir im Flow weniger ermüden und unsere Konzentration deutlich länger aufrechterhalten können.

Die guten Gefühle während des Flows fördern nachweislich unsere Gesundheit. Wissenschaftler können diese gesundheitsfördernden Aspekte sogar messen. Als „kardiale Kohärenz" bezeichnen sie diesen ganz besonderen Zustand, der sich einstellt, wenn wir uns im Flow befinden. Herzschlag, Atmung und Blutdruck arbeiten synchron, in einem spezifischen Rhythmus, der sämtliche weiteren gesundheitsfördernden Systeme des Organismus positiv beeinflusst. Die Muskelspannung sinkt, Blutgefäße weiten sich, mehr Sauerstoff wird transportiert, gesundheitsfördernde Botenstoffe werden ausgeschüttet. Spannenderweise handelt es sich dabei um dieselben körperlichen Wirkungen wie im Zustand tiefster Entspannung, z.B. bei einer Meditation, Yoga oder autogenem Training.

So wirkt sich Flow auf die einzelnen Organe aus:

- Gehirn: Es wird vermehrt Serotonin gebildet, ein Botenstoff, der ausgeglichen, ruhig und gelassen macht. Ängste, Sorgen und Zweifel verschwinden.
- Immunsystem: Es werden verstärkt Immunzellen gebildet und Immunbotenstoffe ausgeschüttet. Die Immunabwehr wird gestärkt.
- Lunge: Eine langsamere und tiefere Atmung sorgt für eine Erhöhung der Sauerstoffaufnahme.
- Herz: Das Herz schlägt ruhiger, langsamer und kraftvoller.
- Blutdruck: Der Blutdruck sinkt, die Blutgefäße weiten sich.
- Magen/Darm: Das vegetative Nervensystem harmonisiert die Magen- und Darmfunktion und wirkt damit positiv auf Reizungen oder Verstopfungen.

- Muskeln: Der Muskeltonus nimmt ab, verspannte Muskeln werden locker. Schmerzreduktion bei Rücken- und Nackenschmerzen.
- Haut: Immunsystem und normalisierte Hormonproduktion wirken positiv auf die Qualität der Haut. Hauterkrankungen wie Neurodermitis oder Schuppenflechte verbessern sich.
- Nebenniere: Im Zustand der Entspannung ist keine Adrenalinproduktion möglich!

Gleichzeitig befinden sich das limbische System, das unsere Emotionen steuert, und der Neocortex, der Sitz unseres bewussten Denkens, in einem Zustand völliger Harmonie. Das erklärt, weshalb im Flow weder störende Gedanken noch negative Emotionen auftauchen. Wichtig ist: Sowohl im Zustand der Entspannung als auch im Flow ist unser Organismus nicht in der Lage, Stresshormone zu produzieren. Somit ist Flow nicht nur das Mittel, um unsere geistige Leistungsfähigkeit in ungeahnte Höhen zu treiben, gleichzeitig dient er als Stressmedikament und Gesundbrunnen erster Güte.

Alpha-Zustand

Im Flow schwingt unser Gehirn in einem ganz besonderen Takt. Es befindet sich im sogenannten Alpha-Zustand, einem von Natur aus besonders energievollen und leistungsfähigen Zustand unseres Gehirns. Dabei schwingen die neuronalen Netzwerke unseres Gehirns in einem Frequenzbereich zwischen ca. 8 und 12 Hertz, der sich mittels EEG problemlos messen lässt. Das Gehirn hat im Alpha-Zustand seine optimale Betriebstemperatur und kann somit sein Potenzial optimal nutzen, es befindet sich in einer Art Turbofunktion. Wir verfügen über höchste mentale Energie und sind dennoch entspannt. Wir tauchen ein in einen Zustand innerer Klarheit, Engagement und Dynamik, geraten in tiefe Versenkung und Selbstvergessenheit. Wir müssen uns nicht mehr anstrengen und bewusst konzentrieren, vielmehr fließt die Leistung des Gehirns einer eigenen, inneren Logik folgend wie von selbst, was Csíkszentmihályi letztendlich bewogen hat, diesen Zustand als Flow zu bezeichnen. Flow zeigt, wie eng Konzentration und Entspannung zusammenhängen, daher kann man Flow durchaus auch als „Arbeitsmeditation" bezeichnen.

Motivations-Droge Dopamin

„Nichts motiviert mehr als der Erfolg!", lautet ein altes Sprichwort, eine Weisheit, die die moderne Psychologie absolut bestätigt. Dabei geht es allerdings nicht um den von außen sichtbaren Erfolg, wie z.B. die Beförderung, den Dienstwagen oder die Gehaltserhöhung, sondern um den inneren Erfolg, um das, was uns motiviert und voranbringt. Wenn unsere Arbeit so gestaltet ist, dass wir dabei lernen und unsere Kompetenzen erweitern können, wenn wir Zusammenhänge und Wechselwirkungen verstehen, Aha-Erlebnisse verbuchen und innerlich spüren, dass wir Fortschritte erzielen, dann liegt darin der entscheidende Treiber für unsere Motivation und unser Engagement. Geraten wir in Flow, stehen wir unter dem Einfluss des Botenstoffs Dopamin. Er löst diese innere Freude aus, dieses flow-typische Glücksgefühl, das wir *während* des Tuns empfinden und nicht erst, wenn wir dieses oder jenes erreicht haben.

Profisportler stehen unter Dopamin, wenn sie diesen rauschartigen Zustand des Vorgeschmacks auf den sich abzeichnenden Sieg beschreiben. Dieses euphorisierende Gefühl verleiht uns die sprichwörtlichen Flügel, es liefert die Schubkraft, um uns selbst zu überwinden und unsere Grenzen weiter zu verschieben. Gleichzeitig sorgt Dopamin dafür, dass wir leichter lernen.

Dass Dopamin wie eine Droge im Gehirn wirken kann und einen dazu antreibt, sich permanent zu verbessern, kann man immer wieder in der Welt des Profisports sehen. So antwortete der verstorbene dreifache Formel-1-Weltmeister Ayrton Senna auf die Frage, was die tatsächlichen Quellen seiner Motivation sind: *„Ich möchte immer besser werden. Das macht mich glücklich. Immer wenn ich merke, dass sich mein Lernprozess verlangsamt und meine Lernkurve abflacht, bin ich nicht so glücklich."* Auch der dreifache Ski-Weltmeister und zweifache Olympiasieger Hermann Maier sagt: *„Ich war Skirennfahrer, um mich immer wieder selbst zu testen und zu verbessern. Ich wollte immer diesen Fortschritt spüren."* (BILD, 15.12.2010)

2.1 Flow-Effekte

Flow sorgt nicht nur dafür, dass wir uns wohler fühlen und uns unser Job leichter von der Hand geht, er hält uns auch gesund. Der positive Einfluss von Flow auf Körper und Geist ist wissenschaftlich nachgewiesen.

2.2 Flow als Burnout-Prävention

Burnout – ein Begriff hat Hochkonjunktur. Gibt man den Begriff bei Google ein, erhält man allein in deutscher Sprache über eine Million Treffer! Dennoch herrscht unter Experten Uneinigkeit, was konkret unter einem Burnout-Syndrom zu verstehen ist – zu unterschiedlich und zu individuell sind die über 100 Symptome, die mit einem Burnout in Verbindung stehen: von Müdigkeit, Kopfschmerzen, Antriebslosigkeit, innerer Unruhe bis hin zu depressiven Verstimmungen. Es handelt sich um ein ganzheitliches Phänomen, bei dem das Gleichgewicht von Körper, Geist und Seele aus den Fugen gerät. Einig sind sich die Experten jedoch, was die Entstehungsgeschichte angeht, bei der es sich meist um einen schleichenden Prozess handelt: zu viel Arbeit, zu ausgeprägtes Leistungsdenken, eine Vernachlässigung der eigenen Bedürfnisse, oft in Kombination mit privaten Problemen. Auf eine Formel gebracht: Burnout kann entstehen, wenn Arbeits- und Privatleben zu anstrengend werden. Sein Arbeitsleben einmal unter dem Aspekt des Flow-Konzepts zu betrachten, kann daher wie ein Wundermittel wirken, denn Flow ist nachgewiesenermaßen nicht nur gesundheitsfördernd, sondern reduziert gleichsam das Burnout-Risiko auf ein Minimum.

Das Konzept der Salutogenese

Wie sehr Arbeit und Gesundheit miteinander verzahnt sind, hat der israelisch-amerikanische Medizinsoziologe Aaron Antonovsky in seinem weltweit anerkannten Konzept der Salutogenese herausgefunden. Er erforschte ursprünglich die Frage, wieso ein bestimmter Teil der KZ-Häftlinge dieses schlimme Martyrium durchhielt, ohne dabei körperlich oder psychisch krank zu werden, und sich bis heute mit teilweise über 90 Jahren bester Gesundheit erfreut. Ausgehend von der Frage „Wie entsteht Gesundheit?" entwickelte er ein Gegenmodell zur klassischen Medizin, die sich bekanntermaßen mit der Entstehung und Behandlung von Krankheiten beschäftigt. Er fand bei Menschen, die sich durch eine besondere Widerstandsfähigkeit auszeichneten, sehr belastbar waren und sich bis ins hohe Alter einer guten Gesundheit erfreuten, ganz bestimmte Widerstandsressourcen, die er als „sense of coherence", zu Deutsch „Kohärenzsinn", zusammenfasste. Damit meint er eine stark positive Einstellung gegenüber dem Leben und sich selbst. Dieses Grundvertrauen stellt einen unverrückbaren Bestandteil der Persönlichkeit dar. Menschen mit dieser Einstellung empfinden das Leben als Geschenk und betrachten auftretende Probleme oder

Schicksalsschläge als Herausforderungen, die es zu überwinden gilt und an denen man wachsen kann.

Mit dem Modell der Salutogenese (lat. salus = Gesundheit; genesis = Entstehung) lassen sich auch die Wechselwirkungen zwischen Arbeit und Gesundheit gut erklären. Wenn Arbeit die Gesundheit fördern soll, müssen drei Voraussetzungen gegeben sein: Sinnhaftigkeit, Verstehbarkeit und Bewältigbarkeit.

Sinnhaftigkeit hat den größten Einfluss auf das Zusammenspiel zwischen Motivation, Arbeit und Gesundheit. Wird eine Aufgabe als sinnvoll, bedeutsam und persönlich wichtig erachtet, hat sie einen positiven Einfluss auf die Gesundheit. Das Gehirn fragt sich instinktiv immer: „Was bringt mir das?" Wir Menschen brauchen zumindest ein wenig das Gefühl, mit unserer Arbeit etwas Sinnvolles zu tun. Ist kein Sinn erkennbar, entsteht kein emotionaler Bezug – verständlich, dass sich dann keine Arbeitsfreude einstellt.

Verstehbarkeit heißt, eine Person versteht im wahrsten Sinne des Wortes, worum es bei der Anforderung geht. Daraus entwickelt sich die flow-fördernde und salutogene Einstellung „Ich habe Kontrolle" – eine Grundvoraussetzung, um Stress und schwierige Phasen gesund zu überstehen.

Bewältigbarkeit bedeutet, eine Anforderung aus eigener Kraft schaffen zu können. Dieses im Hinterkopf erklingende „Ja, das kann ich schaffen, auch wenn es möglicherweise schwer wird und mir alles abverlangt!" entspricht der herausfordernden Komponente des

Flows. Wer Herausforderung erlebt, entwickelt Optimismus und Selbstvertrauen.

Fehlende Flow-Strukturen erhöhen das Burnout-Risiko

Wie sehr das Risiko, in die Burnout-Falle zu geraten, mit dem Fehlen salutogener Flow-Strukturen verbunden ist, lässt sich aus der Entstehungsgeschichte eines Burnout-Syndroms erkennen. Professor Joachim Bauer, Facharzt für Psychiatrie und Psychotherapie am Universitätsklinikum in Freiburg und einer der führenden Burnout-Forscher, hat die drei zentralen Kennzeichen eines manifesten Burnouts wie folgt zusammengestellt: anhaltende emotionale Erschöpfung, das Gefühl, dass die Arbeit sinnlos und ineffektiv geworden ist, sowie ein innerer Widerwillen gegen Menschen, die einem am Arbeitsplatz begegnen. Ist man bereits in die Burnout-Falle geraten, raten Experten zur „3-E-Formel": Entlastung, im Sinne einer systematischen Reduzierung der Stressoren, Erholung, im Sinne des regelmäßigen Aufladens seiner Batterien, Ernüchterung, im Sinne der Veränderung einzelner Denkweisen, wie z.B. Perfektionismus, übertriebener Ehrgeiz oder der Neigung, nicht Nein sagen zu können. Dr. Hans-Peter Unger, Chefarzt für Psychiatrie und Psychotherapie an der Asklepios Klinik in Hamburg, und die Diplom-Biologin Carola Kleinschmidt beschreiben in ihrem lesenswerten Ratgeber *Bevor der Job krank macht*, dass man seinem persönlichen Burnout-Risiko mit der Beantwortung der folgenden drei Fragen gut auf die Spur kommt. Erstens: *„Achte ich genug auf mich selbst, meine Rhythmen, Bedürfnisse und Signale?"* Zweitens: *„Handle ich im Moment verantwortlich und wertschätzend mir selbst und anderen wichtigen Personen gegenüber?"* Drittens: *„Entspricht meine Arbeit meinen persönlichen Wertvorstellungen und meinen Lebenszielen?"* (Unger/Kleinschmidt, 2009, S. 124) Beantworten Sie nicht alle diese Fragen mit einem deutlichen Ja, sollte dies Grund genug sein, sich eingehend mit den Gründen zu beschäftigen, die ein Ja unmöglich machen.

Dieser Blickwinkel zeigt, wie komplex das Thema Burnout ist und dass die Fragestellung, wie Sie mehr Flow in Ihre Arbeitswelt bringen könnten, eine große Schnittmenge mit den Empfehlungen der Experten zur Burnout-Prävention oder -Therapie aufweist.

Die Entstehung eines Burnouts wird zu einem großen Teil durch das Fehlen der Faktoren begünstigt, die dem Flow seine Struktur geben, nämlich durch arbeitsorganisatorische, äußere Faktoren, wie hoher Leistungsdruck, unklare Zielvorgaben, das Fehlen der Sinnhaftigkeit sowie des Handlungs- und Entscheidungsspielraums. In Kombination mit einem schlechten Betriebsklima und einem Mangel an Wertschätzung ist dies der Nährboden, der am Ende zu denselben grundlegenden Fragestellungen führt, mit denen sich ein Burnout vermeiden bzw. Flow begünstigen lässt.

Das bestätigt eine aktuelle Studie des Arbeitswissenschaftlers Dr. Nico Dragano aus dem Jahr 2011, der die

Ursachen für die stark gestiegene Anzahl der Frühverrentungen aus psychischen Gründen untersuchte. Die „Top 5" lauten: geringe Kontrolle über die eigene Arbeit, ständige Hektik und Ablenkung, Monotonie und „Job Stain", ein Begriff, der das Verhältnis zwischen hohen Anforderungen einerseits und geringem Entscheidungsspielraum anderseits beschreibt.

Am Ende der Erschöpfungsspirale angelangt, geht es um grundlegende Aspekte, die große Übereinstimmungen mit der Frage nach Flow aufweisen:

- Was motiviert mich?
- Was macht mir Spaß?
- Welche Werte treiben mich an?
- Was ist mir im Leben wirklich wichtig?
- Wie möchte ich in Zukunft leben?

Flow erhöht nicht nur unsere Schaffensfreude bei der Arbeit, sondern fördert nachhaltig Gesundheit, Wohlbefinden und psychisches Gleichgewicht. Je mehr Zeit wir uns im Flow befinden, desto gesünder sind wir. Außerdem stellt Flow die beste Prävention dar, um nicht in die Burnout-Falle zu geraten.

2.2 Flow als Burnout-Prävention

30 MINUTEN

Wie hat sich die Arbeitswelt verändert?
Seite 38

Warum ist die moderne Arbeitswelt kontraproduktiv für Flow?
Seite 39

Weshalb benötigt Flow eine positive Unternehmenskultur?
Seite 48

3. Flow-verhindernde Arbeitswelt

Es herrscht kein Zweifel: Die Arbeitswelt ist in den letzten 15 Jahren belastender und anstrengender geworden. Der Computer ist *der* Beschleuniger in der Menschheitsgeschichte. Durch PC und Internet hat sich die Arbeitswelt mehr verändert als in den 200 Jahren zuvor. Sämtliche arbeitsrelevanten Prozesse haben extrem an Fahrt aufgenommen. Alles muss schnell gehen, Tempo und Zeitdruck bestimmen den Tag. Der neu entstandene Begriff der Dynaxität – eine Zusammensetzung aus Dynamik und Komplexität –, der diese Veränderung beschreibt, spiegelt diesen Quantensprung wider. Doch ist die Übertragung des olympischen Gedankens „höher, schneller, weiter" in die moderne Arbeitswelt wirklich ein Vorteil? Lässt sich mit dieser Maxime tatsächlich mehr erreichen?

3.1 Die digitalisierte Arbeitswelt

Mit dem Einzug von PC, Internet und Mobiltelefon in unser Leben ist Deutschland zu einem Land der Gestressten und Erschöpften geworden. So stellte das Forsa-Institut fest, dass 67 Prozent der Deutschen *„ständige Hektik und Unruhe"* als den größten Auslöser von Stress empfinden (Forsa-Umfrage 2005 im STERN).

Die AOK berichtet, dass die Fehlzeiten aufgrund psychischer Erkrankungen zwischen 1998 und 2009 um 76 Prozent zugenommen haben. Die Deutsche Rentenversicherung gibt an, dass im Jahr 2009 psychische Erkrankungen 38 Prozent der Frühverrentungen ausmachen. In einer Erhebung der DAK heißt es, dass Fehlzeiten aufgrund von Burnout, Depressionen und psychischen Belastungsstörungen allein im Jahr 2010 um 13,5 Prozent zugenommen haben. Arbeitswissenschaftler und Mediziner sind sich einig: Flow-gerechtes Arbeiten in einer Unternehmenskultur des Vertrauens und der Wertschätzung ist die beste Prävention, um nicht in die Burnout-Falle zu geraten.

Neben der Gefahr, uns in der Leistungsgesellschaft selbst zu überfordern, warnen Experten vor einer ganz anderen Bedrohung. Die beschleunigte Arbeitswelt raubt uns nicht nur die innere Ruhe, um nachzudenken, in uns zu gehen und zu reflektieren, sondern etwas viel Elementareres: das Erleben der Gegenwart im Hier und Jetzt und die damit verbundene Wertschätzung des Lebens selbst.

Studien belegen den schädlichen Einfluss unserer digitalisierten Arbeitswelt auf unsere Gesundheit. Fehlzeiten aufgrund psychischer Erkrankungen sind in den letzten Jahren auf ein noch nie dagewesenes Höchstmaß gestiegen.

3.2 Fünf Denkfallen und wie Sie sie umgehen

Die Frage, wie Sie mehr Flow in Ihr Arbeitsleben bringen, kann wie Medizin wirken. Doch dazu gilt es, die moderne Arbeitswelt ins Visier zu nehmen, denn sie ist nur allzu oft kontraproduktiv für Flow, wie es die folgenden Denkfallen belegen.

Denkfalle 1: Information Overload

Noch vor nicht allzu langer Zeit konnte man einen Brief schreiben und hatte dann erst einmal einige Tage Zeit, bis die Rückantwort kam. Heute sorgt das Internet dafür, dass Informationen aus den entferntesten Winkeln der Welt in Echtzeit auf unseren Bildschirmen flackern. Diese Beschleunigung der Informationsverbreitung bewirkt eine unsere Vorstellungskraft übersteigende digitale Datenflut! Forschern zufolge schwirren pro Tag mehr als 10 Milliarden SMS und 300 Milliarden E-Mails durch das weltumspannende digitale Datennetz. Die Datenmenge eines einzigen Tages, auf CDs gebrannt, würde aneinandergereiht eine Strecke von der Erde bis zum Mond ergeben. Nicht erst seit Frank Schirrmachers Bestseller *Payback* steht die Frage im Raum, ob dieser digitale Quantensprung unser Gehirn und unsere geistige Leistungsfähigkeit gefährdet. Die Gehirnforschung hat in unzähligen Studien belegt, dass sich dieses Zuviel an Informationen kontraproduktiv auf die Leistungsfähigkeit unseres Denkapparates auswirken kann. Unser Gehirn benötigt naturgemäß eine gewisse Zeit, um Neues zu lernen, Zusammenhänge herzustellen und Bedeutungen zu verstehen, neue Inhalte mit bereits Bekanntem zu verknüpfen etc. Das Gehirn folgt seinem eigenen Takt, der sich seit Zehntausenden von Jahren nicht verändert hat.

Diese Kombination aus Beschleunigung und Reizüberflutung, auch „Information Overload" genannt, überfordert unser Gehirn, mit einer unerfreulichen Folge: Wir können unseren Denkapparat nicht mehr effektiv nutzen. Wir werden unkonzentriert, nervös, innerlich unruhig und vergesslich. Unsere Produktivität sinkt und wir geraten in einen mentalen Zustand, der dem des Flows genau entgegengesetzt ist.

Dass unser Gehirn auf Reizüberflutung äußerst sensibel reagiert oder sogar abschaltet, konnte die indischstämmige Psychologin Sheena Iyengar in ihrem Marmeladen-Experiment belegen. Um zu testen, wie ein Überangebot das Gehirn überfordert, ließ sie unterschiedliche Sorten von Marmeladen aufstellen. Im ersten Versuch waren es 24, im zweiten Versuch waren es 6 verschiedene Sorten. Ihr Ziel war es, herauszufinden, inwieweit die Anzahl der Auswahlmöglichkeiten das Kaufverhalten der Kunden beeinflusst. Das Ergebnis war eindeutig: Bei 24 Auswahlmöglichkeiten kauften gerade einmal 3 Prozent, bei 6 Auswahlmöglichkeiten waren es 30 Prozent!

Tipp: So vermeiden Sie den Information Overload
- Rufen Sie Ihre E-Mails zu festen Zeiten ab (Sie gehen ja auch nicht ständig zum Briefkasten).
- Rufen Sie Ihre E-Mails nur dann ab, wenn Sie diese auch gleich beantworten können (sonst machen Sie sich die doppelte Arbeit).
- Verwalten Sie private E-Mails nicht mit Ihrem beruflichen PC.
- Verringern Sie den E-Mail-Verkehr durch klare Ansagen, z.B.: „Wir treffen uns morgen um 9 Uhr, okay?", anstatt: „Wann wollen wir uns treffen?"

Denkfalle 2: „Ablenkungs-Reflex"

Die zweite Denkfalle, die digitale Arbeitswelt mit ihren innovativen Techniken würde automatisch zu mehr Leistung der arbeitenden Menschen führen, widerspricht ebenfalls einem Naturgesetz, das man als „Ablenkungs-Reflex" bezeichnen kann. In unserem Gehirn herrschen bis heute archaische, völlig autonome und nicht von unserem Willen beeinflussbare Programme, die ein einziges übergeordnetes Ziel verfolgen: unser Überleben zu sichern! Diese Programme reagieren automatisch auf Reize visueller und akustischer Natur. Für den Steinzeitmenschen bedeuteten akustische und optische Reize in der Außenwelt zuallererst einmal eines: Gefahr! Adrenalin schoss ins Blut, innerhalb eines Wimpernschlags waren sie kampf- oder fluchtbereit. Diese instinktiven Reaktionen sorgen bis heute dafür, dass wir auf mögliche Gefahrensituationen blitzschnell und ohne nachzudenken reagieren. Selbst wenn wir wollten, können wir nicht anders, als zuzuhören oder hinzuschauen, wenn sich in unserer Umgebung etwas Unerwartetes ereignet. Jeder Anruf, jedes Signal des E-Mail-Postfachs, jeder Summton einer SMS, jedes Mal, wenn ein Kollege zur Tür hereinkommt, lässt uns instinktiv aufschrecken und unsere Konzentration wird unterbrochen, immer noch dem uralten Instinkt geschuldet, es könnte sich ja um eine Gefahrenquelle handeln. Jede Störung unterbricht unseren Flow und bringt uns aus dem Rhythmus.

Ist die Störung vorüber, ist das Problem jedoch nicht sofort behoben. Unser Gehirn benötigt nach der Unterbrechung eine erneute Anlaufzeit, die bis zu 20 Minuten dauern kann, um wieder dasselbe Konzentrationsniveau zu erreichen, auf dem es vor der Unterbrechung war. Eine aktuelle Studie der US-Beratungsfirma Basex zeigt, dass in den USA täglich ca. 28 Prozent der Arbeitszeit dadurch verloren gehen, dass die Mitarbeiter durch irgendetwas abgelenkt werden – Arbeitszeit, die unproduktiv verstreicht und der US-amerikanischen Wirtschaft einen geschätzten Schaden von ca. 588 Milliarden Dollar pro Jahr beschert.

Tipp: So vermeiden Sie Ablenkungen

- Sorgen Sie für ein möglichst ablenkungsfreies Arbeitsumfeld, indem Sie E-Mail-Eingangstöne sowie andere onlinebasierte Störfaktoren (Skype, Twitter etc.) deaktivieren.
- Schalten Sie Ihre Mailbox ein, wenn Sie ungestört arbeiten wollen. So entscheiden Sie selbst, wann (und ob) Sie zurückrufen.
- Besorgen Sie sich ein Schild „Bitte nicht stören!", das Sie bei Bedarf an der Tür anbringen können.
- Legen Sie einen Zettel neben sich, auf dem Sie spontane Ideen und Einfälle sofort notieren können. Damit halten Sie Ihre Konzentration aufrecht und müssen nicht Angst haben, dass Sie den Geistesblitz vergessen.

Denkfalle 3: Mythos Multitasking

Die nächste Denkfalle schmälert ebenfalls unsere Produktivität und widerspricht der Natur unseres Gehirns: der Mythos vom Multitasking. Der Begriff beschreibt in seiner ursprünglichen Bedeutung die Fähigkeit des Computers, mehrere Arbeitsprozesse gleichzeitig zu bearbeiten. Der Computer arbeitet extrem schnell, sodass wir denken, er würde mehrere Prozesse gleichzeitig und nebeneinander erledigen, doch Fakt ist: Selbst der PC arbeitet step by step, nur ist das Tempo ungleich schneller als beim menschlichen Gehirn.

Doch wir verfallen dem Irrglauben, wir könnten unsere Produktivität erhöhen und schneller arbeiten, weil wir über die digitalen Techniken verfügen, die dies vermeintlich ermöglichen. Wir können z.B., während wir mit einem Kunden telefonieren, E-Mails lesen, Post sortieren oder einer Konversation lauschen. Doch leider funktioniert das nicht, denn unser Gehirn ist nicht in der Lage, seine Konzentration gleichzeitig so auf zwei Dinge zu richten, dass beide Aufgaben mit gleicher Qualität erledigt werden könnten. Meistens leiden beide Aufgaben unter der geteilten Aufmerksamkeit. Studien belegen, dass wir im Schnitt 25 Prozent mehr Zeit benötigen, wenn wir versuchen, zwei Arbeiten gleichzeitig zu verrichten.

Mit der Aufmerksamkeit ständig hin- und herzuspringen, ist aber nicht nur hochgradig ineffektiv, sondern verschlechtert auch unsere Gefühlslage. Wir werden innerlich unruhig, gestresst, nervös und erschöpft. Forscher warnen, dass Multitasking auf Dauer zu den gleichen Symptomen führe wie ADHS. „Multitasking verlangsamt unsere Reaktionen und erhöht die Fehleranfälligkeit", erklärt David E. Meyer, Wissenschaftler an der Universität von Michigan. (Väth, 2011, S. 86)

Seine Arbeit achtsam, d.h. mit geistiger Präsenz und gegenwartsbezogener Aufmerksamkeit auszuführen, steigert dagegen nicht nur die Konzentration, sondern ist gleichzeitig der Königsweg, um nicht in die Multitasking-Falle zu tappen. Gerade wenn sich abzeichnet, dass Sie innerlich gestresst, nervös und gereizt werden, ist die Rückkehr zur Achtsamkeit ein höchst effektives Mittel, um zu entschleunigen und zu entstressen.

Denken Sie an die Parabel vom Zen-Meister, der von seinen Schülern gefragt wurde, wie er es schaffe, immer glücklich und zufrieden zu sein. Er antwortete: „Wenn ich liege, dann liege ich. Wenn ich aufstehe, dann stehe ich auf. Wenn ich gehe, dann gehe ich, und wenn ich esse, dann esse ich." „Aber das tun wir doch auch", entgegneten seine Schüler etwas perplex. „Sicher liegt auch ihr und ihr geht auch und ihr esst. Aber während ihr liegt, denkt ihr schon ans Aufstehen. Während ihr aufsteht, überlegt ihr, wohin ihr geht, und während ihr geht, fragt ihr euch, was ihr essen werdet. So sind eure Gedanken ständig woanders und nicht da, wo ihr gerade seid. In dem Schnittpunkt zwischen Vergangenheit und Zukunft findet das eigentliche Leben statt. Lasst euch auf diesen Augenblick ganz ein und ihr habt die Chance, wirklich glücklich und zufrieden zu sein."

Tipp: So arbeiten Sie achtsam
Der Begriff der Achtsamkeit stammt aus dem Buddhismus. Es handelt sich um eine Form der Konzentration, die zielgerichtet ist, sich stets auf den gegenwärtigen Moment bezieht und bei der man während des Tuns nicht wertet. Achtsam zu arbeiten heißt, seine Konzentration voll und ganz in die Gegenwart zu bringen – ins Hier und Jetzt. Achtsamkeit stellt ein effektives Mittel gegen Ablenkung dar, das sich trainieren lässt, indem Sie über Ihre Sinne versuchen, den Zugang zur Gegenwart herzustellen. Dinge, die Sie im Stressmodus nicht wahrnehmen, wie z.B. das bewusste Spüren des Stuhles, auf dem Sie sitzen, das bewusste Fühlen der Tasten Ihres PCs, während Sie schreiben, oder die Konzentration auf den ein- und ausströmenden Atem sind solche Anker,

3.2 Fünf Denkfallen und wie Sie sie umgehen

die das Bewusstsein immer wieder ins Hier und Jetzt zurückholen. Am besten Sie hängen sich den folgenden Leitspruch, der aus Tibet stammt, über den Schreibtisch: „Ich tue alles ganz langsam, ruhig und gelassen, konzentriert und fokussiert, eines nach dem anderen, in genau der Zeit, die es braucht."

Tipps: So gehen Sie professionell mit Multitasking um
- Legen Sie sich eine Liste mit Ihren Aufgaben entsprechend Ihren Prioritäten an. Es bietet sich an, eine solche Liste handschriftlich zu erstellen.
- Haken Sie jede erledigte Aufgabe ab.
- Wenn Sie merken, dass Sie gedanklich abschweifen und sich mit anderen Themen beschäftigen, lenken Sie Ihre Konzentration auf die Atmung. Atmen Sie tief, langsam und ruhig. So gelangen Sie wieder in die Zeitschiene der Gegenwart.
- Steuern Sie Ihren inneren Dialog, z.B. indem Sie jedes Mal, wenn Sie merken, dass sich gedankliche Ablenkungen einschleichen, zu sich selbst sagen: „Ich bin ganz ruhig und gelassen."

Denkfalle 4: Zeitmanagement erhöht die Leistung

Die Arbeitswelt ist davon überzeugt, dass Erfolg nicht ohne Zeitmanagement zu haben ist. Doch mittlerweile wird Zeitmanagement zunehmend kritisch gesehen. Der Zeitforscher Karlheinz Geißler bringt es auf den Punkt: *„Detaillierte Zeitkalender bei der Arbeit erhöhen den Druck und sind oft kontraproduktiv. Genauso gaukeln Zeitmanagement-Ratgeber oft vor, man könne sein gan-*

zes Leben durchplanen und managen. Das sind moderne Märchenerzählungen." (Fürstenberg News, 2011, S. 5)

Der Wissenschaftsjournalist Stefan Klein setzt sich in seinem Buch *Zeit: Der Stoff, aus dem das Leben ist* ebenfalls kritisch mit diesem Thema auseinander. Er berichtet, dass Organisationspsychologen, die Zeitmanagement in deutschen Unternehmen untersuchen, zu dem vernichtenden Schluss kommen, dass Zeitmanagement nutzlos sei. Klein zitiert die amerikanische Forscherin Therese Macan, die bisher die ausführlichste Studie zum Zeitmanagement durchgeführt hat: *„Anders als erwartet berichteten die Teilnehmer von Zeitmanagementkursen nach dem Training (…) weder von höherer Arbeitszufriedenheit noch geringerer Anspannung als Befragte, die an keinem solchen Seminar teilgenommen hatten. Auch die Arbeitsleistung verbesserte sich keineswegs nach dem Training."* (Klein, 2008, S. 189)

Die Wahrheit ist, dass das eigene Empfinden der Zeit sowie die Möglichkeit, seine Zeit entsprechend den persönlichen Vorstellungen einteilen zu können, einen zentralen Eckpfeiler bilden, um erfolgreich, lustvoll und produktiv arbeiten zu können. Tief in uns arbeitet ein unbewusstes System, das wir noch aus unserer Kindheit kennen, gegen das Diktat einer permanent rationalisierten Zeit. Kinder folgen beim Spielen ihrem ureigenen Rhythmus und sind der natürliche Feind der Beschleunigungsgesellschaft. Anstatt sich von der Uhr hetzen zu lassen, folgen sie intuitiv ihrem eigenen Takt – eine zentrale Basis, um in Flow eintauchen zu können.

Tipps: So managen Sie Ihre Zeit flow-gerecht!

- Packen Sie Ihren Zeitplan nicht zu voll. Lernen Sie, realistisch zu beurteilen, was Sie an einem Tag bewältigen können. Es ist besser, wenige Dinge mit hoher Qualität zu erledigen als viele Dinge mit entsprechend geringerer.
- Nutzen Sie den 90-Minuten-Rhythmus unseres Gehirns. Das Gehirn ist ein Sprinter und kein Marathonläufer. Nach ca. 90 bis 120 Minuten benötigt es eine Pause von ca. 15 Minuten, danach ist es wieder fit für den nächsten Sprint.
- Folgen Sie Ihrem Biorhythmus, indem Sie ein Gespür dafür entwickeln, wann Sie über den Tag verteilt „Hochs" und „Tiefs" haben, und verteilen Sie qualitativ mehr oder weniger anspruchsvolle Tätigkeiten in die entsprechenden Phasen.

Denkfalle 5: Leistung braucht Druck!

Wie eine Pflanze Licht, Wasser und Nährstoffe benötigt, um zu gedeihen, benötigt auch der Mensch ein gutes (Betriebs-)Klima, um mit Schaffensfreude und Engagement arbeiten zu können. Dies ist der Nährboden, auf dem sich Flow entwickeln kann. Flow hat wenige Chancen in einer von Druck, Angst und Misstrauen geprägten Unternehmenskultur.

Wie wichtig die Unternehmenskultur für die Arbeitszufriedenheit ist, lässt sich Jahr für Jahr an entsprechenden Mitarbeiterbefragungen ablesen, die konstant immer wieder zu den gleichen Ergebnissen führen: Nur ca. ein Drittel der Befragten geben auf die Frage, was sie stresst, an, dass es die Aufgaben sind, die sie belasten. Gut zwei Drittel berichten, dass die Belastungsfaktoren nichts mit der eigentlichen Arbeit zu tun haben, sondern von der Arbeitsorganisation sowie den psychomentalen und psychosozialen Faktoren ausgehen.

Csíkszentmihályi und zahlreiche weitere Forscher weisen aber auch darauf hin, dass die Zunahme stressbedingter Erkrankungen nicht nur hausgemacht ist, sondern auch im Zusammenhang mit der Entwicklung der gesamten Arbeitswelt steht. Vor allem große Unternehmen lesen ihren Erfolg an nüchternen Zahlen wie Umsatz, Gewinn oder Investitionen ab, eine Art von Erfolgsmessung, die nicht primär darauf abzielt, ein gutes Arbeitsklima zu schaffen und den Menschen flow-gerechte Arbeitsbedingungen zu ermöglichen. Dazu gesellen sich noch Struktur- und Organisationselemente, die darauf abzielen, Fehler zu vermeiden und möglichst alles perfekt zu machen – ein leistungshemmender Nährboden, der die Angst vor Fehlern schürt, Innovationen verhindert und leicht dazu führt, dass Mitarbeiter unbewusst „Dienst nach Vorschrift" machen.

In der massiv beschleunigten Arbeitswelt sind viele Abläufe, Prozesse und vor allem die Kommunikation nicht nur schneller, sondern auch anonymer geworden. Der direkte Kontakt zwischen den Menschen ist rückläufig, die Isolation des Einzelnen hingegen nimmt weiter zu. Die meistgenannten Belastungsfaktoren lauten regelmäßig wie folgt:

3.2 Fünf Denkfallen und wie Sie sie umgehen

a) in Bezug auf die Arbeitsorganisation:

- permanenter Zeitdruck
- unklare Zielvorgaben
- Unter- bzw. Überforderung
- unzureichende Informationen durch Vorgesetzte
- mangelnde Kommunikation mit Vorgesetzten und Kollegen
- zu wenig Feedback
- unvorhersehbare Änderungen der Aufgaben ohne vorherige Absprache
- permanente Ablenkung
- Mangel an Abwechslung
- nicht eingehaltene Zusagen
- zu wenig Handlungs- und Entscheidungsspielraum

b) in Bezug auf das Zwischenmenschliche

- mangelnde Anerkennung
- erlebte Ungerechtigkeiten
- nicht eingehaltene Zusagen
- Konflikte mit Kollegen und Vorgesetzten
- Mobbing
- mangelndes Verständnis der Mitarbeiter und Vorgesetzten für die berufliche und private Situation

Dass eine Kultur der Wertschätzung und des Vertrauens sich auch betriebswirtschaftlich positiv auswirken kann, hat der Arbeits- und Gesundheitsforscher Bernhard Badura nachgewiesen. Er konnte anhand der Messung des sogenannten Sozialkapitals belegen, dass Unternehmen die besten Ergebnisse erzielen, wenn zwischen den Mitarbeitern eine Kultur des Vertrauens herrscht, wenn eine hohe Qualität der Führung gegeben ist und wenn es klare Regeln im Umgang mit Konflikten gibt.

> **Tipps: So sorgen Sie für ein flow-gerechtes Arbeitsumfeld**
> - Gehen Sie vertrauens- und respektvoll mit Ihren Kollegen um. Sie werden es Ihnen mit einem entsprechenden Umgang mit Ihnen danken.
> - Seien Sie Teamplayer! Bieten Sie sich an, wenn es um Angelegenheiten geht, die nicht nur Sie, sondern das gesamte Team voranbringen.
> - Fordern Sie von Ihrem Vorgesetzten regelmäßig Feedback ein. Er wird sich dadurch verstärkt um Sie kümmern und Sie wohlwollend unterstützen.
> - Seien Sie Vorbild, was Teamfähigkeit, soziale Kompetenz und Menschlichkeit angeht.

Das Flow-Konzept hilft Ihnen, in einer beschleunigten und digitalisierten Arbeitswelt die innere Ruhe und Gelassenheit zu bewahren und gleichzeitig Ihre Konzentration aufrechtzuerhalten. Gleichzeitig liefert es eine Bedienungsanleitung im Umgang mit den neuen Medien wie Internet oder Smartphone und wirkt so der Gefahr permanenter Ablenkung entgegen.

3.2 Fünf Denkfallen und wie Sie sie umgehen 51

30 MINUTEN

Was ist positiver und negativer Stress?
Seite 54

Wieso hilft es uns, die Herausforderung zu sehen?
Seite 63

Wie können Sie Ihre Einstellung ändern?
Seite 70

4. Flow und innere Einstellung

Flow benötigt einen Zustand innerer Gelassenheit und Entspannung. Stress ist dagegen generell kontraproduktiv für Flow. Leider stehen wir uns oft selbst im Weg, weil wir uns den Stress meist selbst machen. Anstatt uns optimistisch und in freudiger Erwartung an neue Aufgaben zu wagen, bremsen wir uns selbst mit stresserzeugenden Einstellungen und negativen Glaubenssätzen.

4.1 Stress ist kontraproduktiv für Flow

„Ich bin gestresst!" lautet das wohl am meisten in der modernen Arbeitswelt zu vernehmende Zitat. Doch Stress ist bei Weitem nicht so schlecht wie sein Ruf. In der richtigen Dosis macht er uns wach, leistungsstark und hoch konzentriert. Daher macht es Sinn, sich einmal etwas näher mit dem Phänomen Stress zu beschäftigen, um zu sehen, wie wir ihn positiv für unser (Arbeits-)Leben nutzen können.

Negativer Stress ist kontraproduktiv für Flow

Stress ist nicht gleich Stress. Entscheidend ist unsere Reaktion, wie wir auf einen Stressor, d.h. ein Stress auslösendes Ereignis, reagieren. Interpretieren wir einen Stressor als bedrohlich, spricht man von Disstress, dem negativem Stress. Disstress bewirkt ein subjektives Gefühl des Ausgeliefertseins, d.h., man sieht keine Möglichkeit, die Situation aus eigener Kraft zu bewältigen. Disstress-Situationen führen zu einer Ausschüttung von Stresshormonen wie Adrenalin oder Cortisol, die den Organismus belasten und dafür sorgen, dass wir uns innerlich angespannt, unruhig und gereizt fühlen. Ursprünglich verbirgt sich dahinter ein hochintelligentes System, das unser Überleben in lebensbedrohlichen Situationen sichert. Kreuzte ein hungriger Säbelzahntiger den Weg unserer Steinzeitvorfahren, hieß dies akute Gefahr. In Millisekunden schießt Adrenalin ins Blut, das dafür sorgt, dass wir innerhalb eines Wimpernschlags kampf- oder fluchtbereit sind. Die Herzfrequenz steigt, die Muskeln spannen sich an, wir werden aggressiv und sind bereit, unser Leben zu verteidigen, indem wir mit dem Feind kämpfen oder fliehen. Disstress verhindert, dass wir in Flow geraten. Im Unterschied zum Alpha-Zustand befinden wir uns im Disstress im Beta-Zustand. Dort schwingt unser Gehirn nicht mehr in der flow-typischen Frequenz von 8 bis 12 Hertz, sondern die elektrische Spannung steigt auf bis zu 30 Hertz, mit unangenehmen Konsequenzen: Das Gehirn überhitzt, unsere Denkkraft nimmt ab, wir werden angespannt, nervös und unruhig. Wir müssen uns mehr anstrengen, gleichzeitig verlieren wir an Effizienz und Effektivität, unsere mentale Lern- und Leistungsfähigkeit nimmt ab, unsere Konzentration sinkt und die Fehleranfälligkeit steigt. Auf lange Sicht ebnen ständiger Disstress und das Fehlen entsprechender Stressbewältigungsstrategien den Weg in ein Burnout-Syndrom.

Als Eustress werden hingegen Stressoren bezeichnet, die den Organismus positiv beeinflussen. Eustress macht uns Spaß, wir haben das Gefühl der Kontrolle und sind davon überzeugt, die Herausforderung meistern zu können. Er stellt sich immer dann ein, wenn wir selbst gesteckte Ziele verfolgen, über Handlungs- und Entscheidungsspielraum verfügen und uns herausgefordert fühlen, also wenn die drei zentralen Voraussetzungen für Flow erfüllt sind.

Der Stressfahrstuhl

Wieso unser Gehirn unter Stress nicht optimal funktioniert und sogar rückwärtsgerichtet arbeitet, erklärt der Gehirn- und Lernforscher Gerald Hüther. Anhand seines „Stressfahrstuhl"-Modells zeigt er, wie unser Gehirn unter Druck abstürzt. Hüther vergleicht die Arbeitsweise des Gehirns mit einem dreistöckigen Haus. Am besten arbeiten wir mit den Kapazitäten, die sich im Obergeschoss befinden. Dieses Areal, der sogenannte präfrontale Kortex, steuert uns, wenn wir im Flow sind. Unter seinem Kommando sind wir kreativ, denken umsichtig und vorausschauend und bringen die besten Lösungen zustande. Wichtig für das Verständnis: Die hochkomplexen und filigranen Nervenzellverschaltungen, die uns im Flow steuern, sind hochsensibel und störungsanfällig für Stress. (STERN, 2006) Geraten wir unter Stress, stürzen wir – um im Bild des Stressfahrstuhls zu bleiben – ab und die zweite Etage übernimmt das Kommando, was erstens mit einem deutlichen Rückgang unserer mentalen Leistungsfähigkeit verbunden ist. Zweitens denken wir nicht mehr wie in der obersten Etage kreativ und vorwärtsgerichtet, sondern die zweite Etage arbeitet sehr stark vergangenheitsorientiert und präsentiert uns bewährte Lösungen. Anstatt neu, kraftvoll und kreativ zu denken, lassen wir uns von Sicherheitsüberlegungen kontrollieren. Wir haben Angst, Fehler zu machen, und stagnieren, statt uns zu entwickeln.

Hüther empfiehlt als Stressprävention dieselben Rezepte, zu denen schon die großen Lehrer der Antike rieten. Auch er rät, sich Techniken anzueignen, die zu innerer Ruhe führen, sprich sämtliche Varianten von Entspannungstechniken, damit wir wieder zu klarem Denken in die oberste Etage zurückkehren können.

Der Vollständigkeit halber sei noch erwähnt, was passiert, wenn wir in die unterste Etage abstürzen: Dann verlieren wir die Selbstkontrolle, werden aggressiv, schlagen Türen und sind bereit, unser Territorium und unsere Standpunkte um jeden Preis zu verteidigen: ein uralter Mechanismus, der uns in der Steinzeit in lebensbedrohlichen Situationen kampf- oder fluchtbereit gemacht hat, in der zivilisierten Welt des 21. Jahrhunderts jedoch kontraproduktiv ist.

Ultradianes Stresssyndrom

Für die Stressprävention im Arbeitsalltag spielen unsere Biorhythmen und die natürlichen Leistungszyklen des Gehirns eine zentrale Rolle. Menschliche Leistungsfähigkeit ist kein lineares Geschehen, das von morgens bis abends auf demselben Niveau bleibt, sondern es basiert auf rhythmischen Zyklen von ca. 90 bis 120 Minuten.

Konzentration und geistige Leistungsfähigkeit sind Prozesse mit einem enormen Energieverbrauch. Dies erklärt, weshalb unser Gehirn solch hohe Beanspruchungen nur über einen gewissen Zeitraum aufrechterhalten kann. Danach braucht es eine Erholungspause. Der kalifornische Psychobiologe Ernest Rossi beschreibt in seinem Buch *20 Minuten Pause* die biologischen Hintergründe, wieso sich die menschliche Leistungsfähigkeit in Zyklen von 90 bis 120 Minuten abspielt. Während einer 90- bis 120-minütigen Hochleistungsphase spielen die biologischen Systeme in einem ganz besonderen Takt. Atmung, Blutdruck und Herzfrequenz arbeiten synchron in einem bestimmten Leistungsrhythmus. Anfang der 50er-Jahre entdeckten die beiden Forscher Eugene Aserinsky und Nathaniel Kleitman, dass der nächtliche Schlaf ebenfalls in diesen Zyklen von 90 bis 120 Minuten abläuft. Auch nachts wechseln Phasen von leichterem Schlaf mit intensiver Gehirnaktivität und kurzen Phasen von tieferem Schlaf ab, in denen die Gehirnaktivität deutlich schwächer ist und die gründlichste Erholung stattfindet. Die größte Erholung findet auch im nächtlichen Schlaf in den kurzen Phasen von 10 bis 15 Minuten statt, die zwischen zwei aktiveren Phasen von 90 bis 120 Minuten eingebettet sind. In der Trainingslehre im Leistungssport spricht man von dem Prinzip der lohnenden Pause und meint damit die Genialität unseres Organismus, sich auch nach den größten Anstrengungen in kürzester Zeit sehr gut zu erholen. Dabei spielt es keine Rolle, ob es sich um körperliche oder geistige Belastungen handelt.

In dieser Zeit regeneriert das Gehirn genau wie eine Muskelzelle nach Belastung. Abfallprodukte und Schlackstoffe aus der vorausgegangenen Energiegewinnung sowie verbrauchte Enzyme und Hormone werden in dieser Zeit aus den Zellen geschleust. Die Anlagen im Innern der Zelle werden kurz gewartet und reaktiviert. So regeneriert die Zelle und ist nach dieser kurzen Zeit fit für die nächste Belastungsphase. Wird diese Pause jedoch verwehrt, kann der Organismus dies zwar kurzzeitig durch die Ausschüttung aufputschender Stresshormone kompensieren, doch ist dieser Kompensationseffekt zeitlich limitiert. Schon bald droht eine deutliche Leistungseinbuße, die sich nicht nur in einer Abnahme der Konzentration, sondern gleichsam in typischen Erschöpfungssymptomen wie Nervosität, Gereiztheit oder Abgeschlagenheit zeigt. Wissenschaftler bezeichnen dies als ultradianes Stresssyndrom, als logische Konsequenz daraus, dass die ultradianen Rhythmen missachtet werden.

Die Beachtung dieser ultradianen Rhythmen stellt nicht nur die biologische Grundlage für die Aufrechterhaltung optimaler Leistungsfähigkeit dar, sondern ist gleichsam eine wichtige Grundlage, um vital zu bleiben und nicht vorzeitig zu altern.

Die Bedeutung der Atmung

Wie wir bereits gesehen haben, sind Stress und Entspannung zwei Seiten derselben Medaille. Eine akute Stressreaktion, z.B. wenn wir beim Überqueren einer Straße einem Auto gerade noch ausweichen, verursacht in einem Sekundenbruchteil eine Stressreaktion. „Der Schreck fährt einem in die Glieder", sagt der Volksmund und meint damit die instinktive Vorbereitung unseres Organismus auf Kampf oder Flucht, uralte und bewährte Reaktionen, die im Falle einer Bedrohung unser Überleben sichern. Herzfrequenz und Blutdruck steigen, die Muskeln spannen sich an, die Konzentration richtet sich unwillkürlich auf den Gefahrenherd, und noch etwas verändert sich: unsere Atmung! Sie wird kurz und flach. Unter akutem Stress steigt die Atemfrequenz auf 20 bis 30 Atemzüge pro Minuten, während sie im Schlaf oder im Zustand der Entspannung lediglich bei 6 bis 10 Atemzügen pro Minute liegt. Genau an dieser Stelle gelangt man zu der zentralen Grundlage und dem tiefen Verständnis, wieso in der Atmung der universale Schlüssel zur Entspannung liegt. Sämtliche Stressreaktionen werden vom autonomen Nervensystem gesteuert. Der Begriff autonom besagt, dass diese Reaktionen nicht unserem Willen unterliegen. Man kann sich schlecht sagen: „Herz, schlag' langsamer!", „Blutdruck, lass' nach!" oder „Muskeln, entspannt euch!" Das einzige System des autonomen Nervensystems, auf das wir bewusst Einfluss haben, ist unsere Atmung. Wir können jederzeit, wann immer wir wollen, beginnen, langsam und tief zu atmen. Damit nehmen wir gezielt Einfluss auf das mächtige Getriebe des autonomen Nervensystems. Wenn wir das Zahnrad Atmung verlangsamen, reduzieren sich in der Folge automatisch auch die anderen Zahnräder wie Herzschlag, Blutdruck oder Muskelspannung. Wir aktivieren den Parasympathikus, das Bremspedal des autonomen Nervensystems, und sorgen dafür, dass das Gaspedal, der Sympathikus, an Einfluss verliert. Dieser Mechanismus stellt die Grundlage sämtlicher Atemtechniken dar, die sowohl zur Entspannung als auch zur Fokussierung der Konzentration seit Jahrtausenden von nahezu allen Kulturen verwendet werden. Bereits wenige Minuten reichen aus, um seinen Körper und Geist in den Entspannungsmodus zu versetzen.

Entscheidend ist jedoch nicht allein die bewusste Reduktion der Anzahl Atemzüge, sondern eine Verlängerung der Ausatmung. Als Faustregel kann man sagen, dass die Ausatmung etwa doppelt so lang sein soll wie der natürliche Einatmungsreflex.

Negatives Denken wird abgeschaltet

Dass uns die bewusste Atmung nicht nur körperlich entspannt, sondern auch den Geist beruhigt, wussten die Inder schon vor über 2.500 Jahren. Mit dem Sprichwort „Die Atmung ist die Leine, die den Drachen steuert!" beschreiben sie den Zusammenhang zwischen Atmung, unserer emotionalen Verfassung und der Qualität unserer Gedanken. Atmen wir unter Stress schnell und hastig, ist es so, als würde man einem Drachen bei starkem Wind nur eine sehr kurze Schnur geben. Die Folge: Der Drachen wird an der gespannten Schnur hektisch und unruhig am Himmel hin- und herreißen. Verlängern wir jedoch unseren Atem – also die Schnur –, verändert sich auch der Drachen. Obwohl der Wind gleich stark ist, bleibt er plötzlich ruhig und gelassen in der Luft stehen. Mit diesem Bild beschreiben Buddhisten den Einfluss der Atmung auf die Qualität unserer Gedanken. Atmen wir langsam und bewusst, beruhigt sich unser Geist, wir werden innerlich klar und tauchen ein in eine positiv-gelassene Stimmung.

Mit den folgenden drei Atemübungen laden Sie Ihre Akkus innerhalb weniger Minuten wieder auf und machen sich fit für den nächsten Zyklus:

Übung 1: „1 zu 2"-Atmung

Setzen Sie sich entspannt aufrecht hin. Rücken Sie dazu mit dem unteren Rücken ganz dicht an die Rückenlehne des Stuhls. Halten Sie einen Moment inne und spüren Sie bewusst, wie Ihr Körpergewicht von dem Stuhl getragen wird. Schließen Sie die Augen und legen Sie die rechte Hand auf den Bauch unterhalb des Nabels, sodass Sie die Auf- und Abbewegungen des Bauchs spüren können. Beginnen Sie nun, die Frequenz des Ausatmens bewusst in die Länge zu ziehen, sodass das Ausatmen in etwa doppelt so viel Zeit beansprucht wie die Einatmung. Spüren Sie, wie Sie mit jeder Ausatmung ruhiger und gelassener werden.

Übung 2: Countdown 10 bis 1

Zählen Sie simultan zu Ihrer Atmung rückwärts von 10 bis 1. Beim Einatmen in den Bauch sagen Sie „zehn" und atmen dann mit einem langsamen Atemzug aus. Zählen Sie runter bis 1.

Übung 3: Fingerpuls spüren

Legen Sie die Hände in den Schoß und legen Sie die Fingerkuppen wie folgt aneinander: Daumen auf Daumen, Zeigefinger auf Zeigefinger etc. Beginnen Sie nun mit einer langsamen Bauchatmung und versuchen Sie, den Pulsschlag zwischen den Fingerkuppen zu spüren. Ab dem Zeitpunkt, wenn Sie den Pulsschlag deutlich spüren, zählen Sie im Takt der Atmung von 1 bis 10.

Negativer Stress ist kontraproduktiv für Flow und reduziert unsere geistige Leistungsfähigkeit. Während des Arbeitstags haben wir zwei effektive Mittel, um Stress entgegenzuwirken: indem wir regelmäßig Pausen machen, damit sich das Gehirn nicht „überhitzt", und indem wir lernen, uns mithilfe unserer Atmung den Stress vom Leib zu halten.

4.2 Herausforderung oder Bedrohung?

Wie anfällig wir für Stress sind, hängt stark von unserer Einstellung ab. Stress entsteht nicht nur durch äußere Faktoren, nur allzu gern machen wir uns den Stress selbst. Er entsteht in unserem Kopf. Es kommt darauf an, mit welcher mentalen Einstellung wir uns an eine Aufgabe machen, ob wir diese als Herausforderung oder Bedrohung empfinden. *„Versagensangst ist Einbildung. Man denkt, etwas stünde im Weg, das in Wirklichkeit gar nicht existiert!"*, lautet ein Zitat von Basketball-Legende Michael Jordan. Kürzer und präziser kann man die Ursachen wohl nicht beschreiben, die uns oft daran hindern, so gut zu sein, wie wir könnten.

Vorsicht ist ein Naturgesetz

Auch in diesem Kontext wird deutlich, wie sehr uns noch uralte, in der Steinzeit absolut sinnvolle Instinkte und Verhaltensweisen steuern. Dass wir eine Tendenz in uns tragen, uns vor neuen Aufgaben und Dingen erst einmal damit zu beschäftigen, was schiefgehen könnte – d.h. eher die Gefahren als die Möglichkeiten sehen –, erklären Evolutionsbiologen wie folgt: Für die Steinzeitmenschen war das Leben stets mit Gefahr verbunden. Ihr Überleben hing davon ab, wie gut sie mit drohenden Gefahren, z.B. der Abwehr wilder Tiere, gefährlichen Situationen bei der Jagd, Rangkämpfen oder der Konfrontation mit feindlichen Stämmen umgehen konnten. Diese innere, meist unbewusste Einstellung, „ständig auf der Hut sein zu müssen", hat uns über Hunderttausende von Jahren unserer Entwicklung gute Dienste geleistet und ist auch heute noch tief in unseren Genen verankert. Das erklärt, weshalb der menschliche Geist gern dazu neigt – vor allem dann, wenn er nichts Besseres zu tun hat –, sich mit drohenden Gefahren, möglichen Misserfolgen, unerledigten Angelegenheiten oder Wünschen zu beschäftigen.

Dass in freier Natur die Antizipation möglicher Gefahren die Überlebenschancen erhöht, kann im Berufsleben schnell zum persönlichen Wettbewerbsnachteil werden. Denn der Blick durch die „negative Brille" lähmt uns regelrecht. Er blockiert uns und versperrt uns den Weg zum Flow. Professor Bruce McEwen, Pionier der Stressforschung an der Rockefeller University in New York, bringt es auf den Punkt: *„Unser Gehirn hat sich so entwickelt, dass wir die ungeheuerliche Fähigkeit haben, uns Dinge vorzustellen und im Voraus zu planen. Aber das ist auch ein Riesenproblem: Zugleich können wir nämlich grübeln, wir malen uns Ängste aus, die in Wahrheit gar nicht drohen – ein geradezu unvermeidliches Paradoxon unseres Lebens."* (SPIEGEL, 48/2008)

Die Einstellung ändern

Dass man seine Einstellung jederzeit ändern und sich damit mental und emotional in eine bessere Ausgangssituation bringen kann, bestätigen Psychologen und Gehirnforscher. Tatsächlich zeigen Untersuchungen, dass unser Gehirn Aufgaben nicht neutral annimmt, sondern automatisch in Herausforderung oder Bedrohung unterteilt. Jede Bewertung ist unweigerlich verbunden mit Emotionen und der Ausschüttung von Botenstoffen, die uns entweder ängstlich oder zuversichtlich stimmen. „Nichts ist gut oder schlecht, erst unser Denken macht es dazu", wusste schon der griechische Philosoph Epiktet und beschrieb, dass der Mensch – im Unterschied zum Tier – in der Lage ist, durch eine Veränderung seines Blickwinkels sein Empfinden zu verändern. Die richtige Einstellung ist demnach eine Frage der freien Entscheidung. Sich selbst zu beobachten, seine Einstellung und Sichtweise selbstkritisch zu hinterfragen und dann zu entscheiden, anders zu reagieren, ist eine zentrale Erkenntnis, um psychisch gesund zu bleiben. Anstatt „Das schaffe ich nicht!" können Sie die Einstellung wählen: „Ich werde es versuchen und mein Bestes geben." Statt „Das stresst mich!" können Sie sagen: „Ich entspanne mich und gehe Schritt für Schritt vor, mehr kann ich ohnehin nicht tun."

„Mentales Googeln"

Das Gehirn hört genau zu, wenn wir mit uns sprechen. Durch die Art und Weise, wie wir mit uns selbst kommunizieren, schaffen wir unsere Realität. Im übertragenen Sinn könnte man die Unterhaltung mit uns selbst auch als „mentales Googeln" bezeichnen. Sagen wir zu uns *„Oh Gott, ich glaube, das schaffe ich nicht",* setzt unser Unterbewusstsein alle Hebel in Bewegung, um in den Archiven unserer Vergangenheit, wo all unsere Erfahrungen bis ins Detail gespeichert sind, den Wahrheitsgehalt dieser Voreingenommenheit zu bestätigen. Wie ein Magnet zieht es all die Argumente, Erfahrungen und Ereignisse der Vergangenheit an und schickt uns diese postwendend auf den Bildschirm unseres Bewusstseins, wodurch diese negative Selbsteinschätzung bestätigt wird und wir uns selbst in eine entsprechend negative Stimmung bringen. Anders sieht es aus, wenn wir uns in derselben Situation sagen: *„Das ist eine Herausforderung!"* Dann setzt sich in unserem Kopf derselbe Mechanismus in Gang, doch mit einem entscheidenden Unterschied: Das Unterbewusstsein scannt aufgrund dieser Aussage unsere Festplatte nach Argumenten, die diese positive Sichtweise bestätigen, und versetzt uns in eine aufbauende und motivierende Sicht der Dinge. Unsere Energie fließt dahin, wohin wir unsere Aufmerksamkeit lenken, und der innere Dialog ist dabei das Mittel zum Zweck.

> **Tipp: Der Blick durch die Anti-Stress-Brillen**
> Das Konzept der Anti-Stress-Brillen ist ebenfalls ein effektives Mittel, um den Stress aus seinem Kopf zu vertreiben. Man setzt sich die Brille eines anderen auf und bringt sich damit in die Lage, sich selbst aus einer anderen Perspektive zu betrachten. Die „Vorbild-Brille" fragt: „Wie würde mein Vorbild in dieser Situation reagieren?" Die „Weitblick-Brille" fragt: „Wie würde ich die Situation wohl in drei Wochen beurteilen?"

Innere Antreiber

Dass wir uns nur allzu oft selbst unter Stress setzen, zeigt das Konzept der inneren Antreiber. Es stammt aus der sogenannten Transaktionsanalyse, einem psychotherapeutischen Verfahren, das sich mit den Grundlagen der menschlichen Persönlichkeitsstruktur befasst. Es definiert fünf verschiedene unbewusste, tief in unserer Persönlichkeit verankerte Glaubenssätze, die in unserer Leistungsgesellschaft weitverbreitet sind. „Sei perfekt!", „Mach schnell!", „Sei stark!", „Mach es allen recht!" und „Streng dich an!" heißen diese inneren Antreiber, die uns unter Stress setzen und zu kontraproduktiv sind, um in Flow zu geraten. Ihre Geburtsstunde reicht meist weit in unsere Kindheit zurück. Sehr früh lernen wir, was unser Umfeld – v.a. unsere Eltern – von uns erwartet und wie wir die Anerkennung bekommen, die wir so dringend benötigen. Wer einen Hang zum Perfektionismus hat, hat möglicherweise als Kind gelernt, dass er von den Eltern nur akzeptiert wird, wenn er mit der Note „Eins" nach Hause kommt. Wer von dem Antreiber „Sei stark!" getrieben wird, hat verinnerlicht, dass man im Leben keine Schwächen zeigen darf. Die Problematik der inneren Antreiber besteht darin, dass sie ein Eigenleben führen und wir gar nicht mehr bemerken, wie sie unser Verhalten steuern.

Die folgenden fünf inneren Antreiber sind in unserer Leistungsgesellschaft weitverbreitet. Die aufgeführte Erklärung zeigt, welche tiefere Ursache sich aus psychologischer Sicht dahinter verbirgt:

- **„Sei perfekt!"**
  „Ich bin nur etwas wert, wenn ich alles möglichst perfekt mache." Mit diesem Antreiber werden Sie nie zufrieden. Ständig hinterfragen Sie, ob Sie die Aufgabe nicht noch besser hätten erledigen können, und können sich nur bedingt über das Erreichte freuen.

- **„Mach schnell!"**
  Dieser Antreiber führt zu einem permanenten Zeitdruck und innerer Hektik. Sie haben immer das Gefühl, die Zeit reiche nicht aus, und fühlen sich entsprechend gehetzt und getrieben.

- **„Sei stark!"**
  Solche Menschen haben gelernt, keine Schwächen zu zeigen. Wie es in ihrem Inneren aussieht, geht niemanden etwas an. Gefühle zuzulassen wird als Schwäche interpretiert. Sich anderen Menschen zu

öffnen, diese um Rat zu fragen oder Vertrauenspersonen hinzuzuziehen, kommt Menschen mit diesem Glaubenssatz eher selten in den Sinn.

- „Mach es allen recht!"

Menschen mit diesem Glaubenssatz können nicht Nein sagen. Sie tun sich schwer, anderen etwas abzuschlagen, und bieten auch noch Hilfe an. Sie meinen, dass sie nur so anerkannt und geliebt werden.

- „Streng dich an!"

Diese Menschen neigen dazu, pausenlos zu arbeiten. Sie machen Überstunde für Überstunde. Eine Aufgabe ist nie fertig, sie arbeiten immer weiter und werden zu Workaholics. Sie haben verinnerlicht, dass man nur etwas zählt, wenn man Leistung bringt, und dass das Leben zum Arbeiten bestimmt ist.

Der folgende Test zeigt, welche inneren Antreiber Ihre Persönlichkeit auszeichnen, denn diese lassen sich verändern. Dazu bedarf es jeweils eines „Erlaubersatzes". Dieser stellt quasi das Gegengift dar und wird immer dann aktiviert, wenn der innere Antreiber im Begriff ist, die Kontrolle zu übernehmen. Ein Erlaubersatz für „Sei perfekt!" wäre z.B.: „Es ist nicht schlimm, wenn ich Fehler mache. Im Gegenteil: Daraus kann ich lernen!" Ein Erlaubersatz zu „Mach schnell!" wäre: „In der Ruhe liegt die Kraft." „Sei stark!" kann durch „Es ist normal unter Kollegen, dass man sich gegenseitig hilft" ersetzt werden. Aus „Mach es allen recht" wird: „Es ist kein Problem, im richtigen Ton auch mal Nein zu sagen."

4.2 Herausforderung oder Bedrohung?

Statt „Streng dich an!" sagen Sie lieber: „Mit Ruhe und Gelassenheit kommt man auch ans Ziel!"

> **Test: Innere Antreiber**
> Bewerten Sie auf einer Skala von 1 bis 5 (1= trifft gar nicht zu; 5 = trifft voll und ganz zu), inwieweit die folgenden inneren Antreiber für Sie zutreffen:
> - „Sei perfekt!"
> - „Mach schnell!"
> - „Sei stark!"
> - „Mach es allen recht!"
> - „Streng dich an!"

Stress entsteht oft als Folge von negativen Denkmustern, die weit in unsere Kindheit zurückreichen. Indem wir diese „inneren Antreiber" identifizieren, schaffen wie die Voraussetzung, um sie zu verändern und zu unserem Wohl zu nutzen.

4.3 BRAIN – Das Trainingsprogramm für den Kopf

Wie ein solcher Turnaround im Kopf abläuft, beschreibt die sogenannte kognitive Verhaltenstherapie (KVT), eine der erfolgreichsten Psychotherapien überhaupt. Sie geht davon aus, dass unser Denken unser Verhalten bestimmt. Als kognitiv werden in der Psychologie im weitesten Sinne alle Prozesse rund um das eigene Denken und Fühlen bezeichnet. Die KVT zielt darauf ab, Menschen durch mentales Training von Denkblockaden und Zwangsvorstellungen zu befreien, indem sie lernen, auf Situationen, in denen sie sich stereotyp und zwanghaft verhalten haben, künftig anders zu reagieren. Das Rezept ist verblüffend einfach: Ziel ist es, sich im Kopf auf die neue, gewollte Reaktion vorzubereiten und diese so lange zu trainieren, bis das neue Verhaltensmuster in Fleisch und Blut übergegangen ist.

Der entscheidende Trick dieser mentalen Trainingsform: Unser Gehirn ist nicht in der Lage, zwei Gedanken gleichzeitig zu denken! Ertappen Sie sich bei „Mach schnell!", können Sie kurz innehalten und diesen Gedanken durch „In der Ruhe liegt die Kraft!" ersetzen.

Train with BRAIN

Bei der BRAIN-Methode handelt es sich um fünf Schritte, mit denen Sie sich eine neue Einstellung bzw. eine Denkweise systematisch antrainieren können.

B: Beobachten

Der erste Schritt besteht im Sich-bewusst-Machen des inneren Antreibers. Es geht um die Frage: „In welcher Situation übernimmt der innere Antreiber das Kommando?" Der Trick besteht darin, sich selbst und seine Gedanken in der entsprechenden Situation zu beobachten. So schaffen Sie die nötige Distanz, Sie sehen sich aus der Vogelperspektive. Es entsteht eine neue Klarheit und die Möglichkeit, bewusst eine positive und flow-unterstützende Einstellung zu wählen. Überlegen Sie sich ein persönliches „Stopp-Signal", das

Sie in einer solchen Situation benutzen. Das kann z.B. ein kurzes Schnipsen mit den Fingern oder ein Klaps auf den Oberschenkel sein. Legen Sie sich begleitend eine kurze formelartige Anweisung zurecht, mit der Sie die Wirkung des Autopiloten unterbrechen. „Heute nicht!" oder ein einfaches „Stopp!" genügen.

R: Reflektieren

Reflektieren Sie bewusst Ihren inneren Antreiber. Lassen Sie sich von den folgenden Fragen anregen:

- Was bringt es mir, wenn ich mich jetzt von diesem inneren Antreiber leiten lasse?
- Wo werde ich enden, wenn mich dieser Antreiber auch in den nächsten Jahren kontrolliert?
- Bin ich bereit, mir systematisch eine neue Einstellung anzutrainieren?

A: Achtsamkeit

Versuchen Sie während dieser gesamten inneren Auseinandersetzung geistig so präsent wie möglich zu sein. Das Bestreben, während des mentalen Gefechts ganz bewusst in der Zeitschiene Gegenwart, im „Hier und Jetzt" – sprich achtsam – zu bleiben, erhöht die Konzentration und damit die Chancen auf den Erfolg. Ein probates Mittel, achtsam zu sein, sind ein paar bewusste Atemzüge. Atmen Sie tief in den Bauch ein und spüren Sie der Ausdehnung des Bauchraums bewusst nach. Dadurch verankern Sie sich in der Gegenwart und sorgen dafür, bewusst die neue Einstellung zu wählen.

I: Innovation

Jetzt geht es darum, dass Sie Herr und nicht Sklave Ihres Antreibers sind. Nun ist der Zeitpunkt gekommen, an dem Sie die Vergangenheit hinter sich lassen und Ihrem Gehirn ein erstes, wenn auch noch zartes neues Erfolgserlebnis einpflanzen.

N: Neues Verhalten trainieren

Der Erfolg hängt in hohem Maße davon ab, inwieweit Sie bereit sind, an sich zu arbeiten, und mit wie viel Selbstdisziplin und Beharrlichkeit Sie ans Werk gehen. Seien Sie sich darüber im Klaren, dass die ersten Versuche dieses bewussten Veränderungsprozesses eine gehörige Portion Disziplin, Willenskraft und Geduld erfordern. Sie arbeiten zu Beginn mit Ihrer „manuellen Steuerung" und nicht mit dem „Autopiloten". Verhaltenspsychologen gehen davon aus, dass man einen Zeitraum von 10 bis 12 Wochen benötigt, bis einem die neue Einstellung in Fleisch und Blut übergegangen ist.

Wie wir auf Stress und Leistungsdruck reagieren, hängt stark von unserer persönlichen Einstellung und unseren Denkmustern ab. Mentales Training bedeutet, dass Sie Ihre eigene Einstellung hinterfragen und negative Glaubenssätze bewusst zu Ihrem Vorteil verändern. Regelmäßiges Training ist dabei der Schlüssel zu Ihrem Erfolg.

30 MINUTEN

Wie fällt Ihre Job-Inventur aus?
　　　　　　　　　　Seite 76

Wie lässt sich Ihr Job neu definieren?
　　　　　　　　　　Seite 79

Welche Tipps helfen Ihnen, um in Flow zu geraten?
　　　　　　　　　　Seite 83

5. Flow-gerechtes Arbeiten

Jeder Mensch ist seines Glückes – oder seines Flows – Schmied. Nur Sie selbst können Ihre tagtägliche Arbeit beurteilen und einschätzen, inwieweit diese Sie glücklich oder eher unglücklich macht. Viele Menschen glauben allerdings, dass sie keine Einflussmöglichkeiten haben, wie sie ihre Arbeit organisieren und entsprechend ihren ganz persönlichen Vorstellungen optimieren können.

Indem Sie Ihren Job einmal kritisch unter die Lupe nehmen, sozusagen eine Job-Inventur machen und kritisch hinterfragen, inwieweit Ihre aktuelle Arbeitssituation dazu geeignet ist, möglichst viel Zeit im Flow zu verbringen, schaffen Sie die Basis für Veränderung. Ihnen sollte klar sein: Nur Sie selbst können eine solche Analyse durchführen, niemand kennt Sie und Ihren Job besser als Sie selbst.

Das folgende Kapitel hilft Ihnen dabei, wie Sie Ihren Job zum täglichen Flow-Erlebnis machen, und gibt Ihnen konkrete Tipps, wie die Umsetzung funktioniert.

5.1 Die Job-Inventur

Ob Ihnen Ihre Arbeit tatsächlich die Möglichkeit bietet, möglichst viel Zeit im Flow zu verbringen, hängt, wie Sie mittlerweile wissen, von drei grundsätzlichen Startbedingungen ab. Erstens: Inwieweit identifizieren Sie sich mit Ihrer Arbeit? Zweitens: Inwieweit können Sie Ihre persönlichen Stärken und Talente einbringen? Drittens: Inwieweit bietet Ihnen Ihre Arbeit die Möglichkeit, sich weiterzuentwickeln? Es lohnt sich, Ihre tägliche Arbeit einmal kritisch unter diesen Aspekten unter die Lupe zu nehmen. Eine solche Inventur ist die Grundlage, Ihren Job neu zu definieren.

Möglicherweise fragen Sie sich jetzt, wie Sie bei Ihrem Arbeitgeber Ihren Job selbst gestalten sollen. Mit Verbesserungsvorschlägen, frischen Ideen und innovativem Denken brauchen Sie gar nicht erst zu kommen. Die Praxis zeichnet jedoch ein anderes Bild. Wenn Sie gute Argumente haben und klarmachen können, dass Sie durch die Realisierung Ihrer Vorschläge nicht nur selbst besser und produktiver arbeiten, sondern dies auch ein Vorteil für das Unternehmen ist, hat Ihr Chef in der Regel ein offenes Ohr für Ihr Anliegen. Denn bei der Frage „Wie lässt sich mein Job flow-gerecht(er) organisieren?" handelt es sich durchaus um eine Win-win-Situation: Sie profitieren, wenn Sie mehr Gestaltungsfreiraum und Kontrolle über Ihre Arbeit erlangen, das Unternehmen profitiert vom besseren Ergebnis und der höheren Zufriedenheit seiner Mitarbeiter. Studien zeigen: Je größer die Arbeitszufriedenheit der Mitarbeiter, desto höher sind Motivation und Engagement, desto besser ist das Betriebsklima und umso geringer der Krankenstand. Und last but not least steht auch der Chef in der Pflicht. Es handelt sich um eine seiner Kernaufgaben als Führungskraft, für seine Mitarbeiter möglichst leistungsfördernde Rahmenbedingungen zu schaffen.

Flow-Analyse

Mit dem folgenden Fragebogen ermitteln Sie, wie viel Flow Sie bei Ihrer Arbeit erfahren. Nehmen Sie sich dafür ausreichend Zeit. Reflektieren Sie in aller Ruhe, bevor Sie Ihre Antworten notieren. Machen Sie sich bewusst, dass nur Sie allein eine solche Bestandsaufnahme durchführen können und dass daraus die Erkenntnis wächst, an welchen Punkten Sie feilen müssen, damit Ihre Arbeit zur Glücksquelle werden kann. Im ersten Block handelt es sich um allgemeine Fragen. Anschließend folgt eine Anleitung, wie Sie konkret eine flow-gerechte Neuausrichtung Ihres Jobs angehen.

Test: Wie viel Flow erfahren Sie in Ihrem Job?

(1) Wann haben Sie das letzte Mal Flow am Arbeitsplatz empfunden?
- Um welche Aufgabe bzw. Situation hat es sich dabei gehandelt?
- Wie waren die Rahmenbedingungen (z.B. Eigeninitiative, Entscheidungsspielraum, Zusammenarbeit mit Kollegen etc.)?

- Beschreiben Sie den Zustand, den Sie dabei empfunden haben, so genau wie möglich.
(2) Wie zufrieden sind Sie generell mit Ihrem Job? Zu wie viel Prozent empfinden Sie Ihre Arbeit als bloßen Job, um Geld zu verdienen, zu wie viel Prozent als Berufung?
(3) Wo liegen Ihre persönlichen Stärken, Talente und Vorlieben, die Sie gern in Ihre Arbeit einbringen möchten?

Wenn Sie Ihre Antworten in Ruhe durchdenken, werden Sie unumgänglich mit grundsätzlichen Fragen konfrontiert:
- Ist dieser Arbeitsplatz der richtige für mich?
- Bereitet mir mein Job überhaupt Freude?
- Kann ich mich in dieser Firma in den kommenden Jahren entwickeln?

Sollten Sie feststellen, dass Ihre aktuelle Arbeitssituation relativ wenig Spielraum bietet, Flow zu erfahren, und sich das in Zukunft aller Voraussicht nach auch nicht ändern wird, wird der Gedanke an einen Jobwechsel automatisch in Ihnen aufsteigen. Die Beschäftigung mit dem Thema Flow hat schon so manchen zum Umdenken bewegt. Statt immer nur zu fragen, wie man mit seiner Arbeit seinen Lebensstandard sichert, lässt sich die Frage auch umkehren: Inwieweit hilft Ihnen der Job dabei, das Leben im Hier und Jetzt zu genießen. Dient Ihr Job Ihnen als Glücksquelle? Ein Denkansatz, der viel Potenzial in sich trägt, Ihre Lebensqualität zu steigern.

Eine konkrete Analyse Ihrer aktuellen Arbeitsbedingungen zeigt, wo ungenutzte Potenziale liegen, um (noch mehr) in Flow zu kommen. Und eine solche Analyse mit darauffolgenden entsprechenden Verbesserungen bzw. Umstellungen hilft nicht nur Ihnen, sondern auch Ihrem Arbeitgeber.

5.2 So definieren Sie Ihren Job neu

Die nächsten Schritte zeigen, wie Sie konkret flow-gerechte Arbeitsbedingungen schaffen. In einer solchen Jobdefinition erhalten Sie einen guten Überblick, wo Potenziale und Ressourcen liegen, die Sie erschließen müssen, um mehr Flow in Ihr Arbeitsleben zu bringen. Im Kern geht es um die Frage: „Wenn ich so könnte, wie ich wollte, wie würde ich meinen Job gestalten, damit ich glücklicher, motivierter und zufriedener bin?"

Ihre Job-Analyse

Die Analyse unterteilt sich in drei Stufen. Im ersten Schritt verschaffen Sie sich einen genauen Überblick und erstellen eine Ist-Analyse. Dazu listen Sie sämtliche Tätigkeiten, die in Ihren Aufgabenbereich fallen, sowie die entsprechenden Zeitfenster, die Sie dafür benötigen, auf. So sehen Sie auf einen Blick, wie viel Zeit Sie pro Woche mit welchen Aufgaben verbringen.

Im zweiten Schritt bewerten Sie diese Tätigkeitsfelder mithilfe der Frage, wie gern Sie sich mit diesen Arbeiten beschäftigen und inwieweit diese Ihren Talenten und Fähigkeiten entsprechen. Durch diese strategische Kombination der Frage „Was mache ich die ganze Woche?" mit „Mache ich das gern und entspricht das meinen Stärken und Talenten?" ermitteln Sie den aktuellen Status quo Ihres Arbeitslebens.

Danach – im dritten Schritt – ergänzen Sie die Bereiche um die Aspekte, die Sie sich wünschen und von denen Sie wissen, dass Sie diese sehr gut machen würden bzw. dass dort Ihre Stärken besonders gut zum Tragen kämen. Die dazugehörenden Fragen sind:

- Was kann ich am besten?
- Was tue ich am liebsten?
- Was motiviert mich?

Sie können auch neue Felder hinzufügen. Ebenso können Sie die bereits vorhandenen Bereiche entsprechend Ihres persönlichen Bedarfs erweitern.

Ihr aktuelles Job-Profil

Legen Sie eine Liste mit den unterschiedlichen Aufgaben an, die Sie in Ihrem Job zu erledigen haben (z.B. Sachbearbeitung, Telefonieren, Meetings, Organisieren, Entwickeln von Strategien etc.). Beantworten Sie folgende Fragen:

- Welche Aufgaben mache ich mit Freude, Hingabe und Leidenschaft?
- Welche Aufgaben erledige ich, weil sie getan werden müssen, und welche erledige ich ungern, d.h. mit einem latent vorhandenen inneren Widerwillen?

- Welche neuen Aufgabenfelder würde ich gern übernehmen?

Ihr gewünschtes Job-Profil

Überlegen Sie jetzt, welche Arbeiten Sie aus Ihrem Aufgabenprofil gern ausweiten und welche neuen Sie aus Ihrem unmittelbaren Umfeld gern übernehmen würden. Gibt es eventuell Vorgänge, die Sie gern abgeben möchten und die ein Kollege möglicherweise lieber in seinem Ressort haben würde?

Umsetzung

Mit Fertigstellung des gewünschten Job-Profils wissen Sie nun konkret, wie Sie sich Ihre Aufgaben und Ihren Arbeitsplatz vorstellen. Nun geht es darum, wie Sie Ihre Idealvorstellung verwirklichen können. Damit Ihre Chancen auf ein Maximum steigen, sollten Sie sich bei der Umsetzung an die folgenden Punkte halten:

- **Der Ton macht die Musik!**
  Achten Sie von vornherein darauf, dass Ihre Vorschläge nicht als Einmischung in die Angelegenheiten Ihrer Kollegen verstanden werden. Sprechen Sie vertrauensvoll und wertschätzend mit ihnen und fragen Sie offen, was sie von Ihren Vorschlägen halten. Weihen Sie Vertrauenspersonen in Ihre Ideen ein.

- **Betonen Sie die Win-win-Situation!**
  Machen Sie deutlich, dass Sie bei der Umgestaltung Ihres Jobprofils auch aus der Sicht der anderen gedacht haben. Erläutern Sie gleich zu Beginn, dass von

Ihren Verbesserungsvorschlägen auch Kollegen profitieren.

- **Bieten Sie konstruktive und kreative Lösungen an!**
  Sollte es zu einem Interessenkonflikt mit einem Kollegen kommen, der das Gefühl hat, Sie wollten ihm etwas wegnehmen (z.B. Sie würden gern an seiner Stelle die Präsentationen für den Chef erstellen), so bieten Sie ihm an, dass Sie ihm dafür etwas abnehmen, das er weniger gern macht, z.B. die Organisation der turnusmäßigen Besprechungen.

- **Nehmen Sie Ihren Chef mit!**
  Ihren Chef von den anstehenden Veränderungen zu überzeugen, stellt voraussichtlich die größte Hürde dar. Er darf Ihre Wünsche auf keinen Fall als Einmischung in seine Kompetenzen oder als indirekte Kritik interpretieren. Lenken Sie seine Aufmerksamkeit gezielt auf die Steigerung Ihrer Performance und den Mehrwert für das Unternehmen.

- **Zeigen Sie eine professionelle Einstellung!**
  Betonen Sie sowohl beim Chef als auch bei den Kollegen, dass Sie selbstverständlich wissen, dass in Ihrem Zuständigkeitsbereich auch weiterhin Aufgaben anfallen, die Sie weniger gern erledigen. Machen Sie deutlich, dass Ihnen sehr wohl bewusst ist, dass Flow kein Wunschkonzert ist und dass Sie auch nicht flowgerechte Arbeit mit entsprechender Professionalität erledigen.

- **Entwickeln Sie ein Worst-Case-Szenario!**
  Machen Sie sich klar, dass Sie mit Ihrem Anliegen im

Grunde nur gewinnen können. Sollte es Ihnen nicht gelingen, Ihre Vorschläge in die Tat umzusetzen, weil Chef und Kollegen mit der alten „Nein, das haben wir schon immer so gemacht"-Plattitüde antworten, wissen Sie zumindest, dass Sie nicht die kommenden Jahre oder gar Jahrzehnte auf dieser Arbeitsstelle verbringen wollen. Dann ist es nur eine Frage der Zeit, um zu handeln, wenn Sie für den Rest Ihres Lebens nicht der „Dienst nach Vorschrift"- oder gar der „Innere Kündigung"-Fraktion angehören wollen.

Die Job-Analyse dient der Erkenntnis, wie viel Flow Sie bei Ihrer Arbeit erfahren und wo mögliche Potenziale liegen, die es zu erschließen gilt, um mehr Zeit im Flow zu verbringen. Sollte sich jedoch herausstellen, dass Ihr aktueller Arbeitsplatz wenig Raum für flow-gerechtes Arbeiten bietet und sich dies auch in absehbarer Zeit nicht ändert, sollten Sie über einen Jobwechsel nachdenken.

5.3 Zehn Tipps für flow-gerechtes Arbeiten

Mit den folgenden zehn Tipps schaffen Sie den Rahmen für Flow, sorgen für mehr Arbeitszufriedenheit und erhöhen zudem Ihre Produktivität und fördern so Ihre Gesundheit.

1. **Bereiten Sie sich mental auf den Arbeitstag vor!**

   Ihr Geist benötigt ein Warm-up, bevor er Leistung bringen soll. Nutzen Sie die ersten fünf Minuten des Arbeitstages, um sich mental in eine positive Verfassung zu bringen. Setzen Sie sich aufrecht auf Ihren Stuhl, atmen Sie langsam einige Züge tief in den Bauch hinein. Gehen Sie den Arbeitstag im Geist durch und nehmen Sie sich dabei vor, während des ganzen Tages innerlich ruhig, gelassen und achtsam zu bleiben.

2. **Arbeiten Sie strategisch!**

   Eine Prioritätenliste liefert nicht nur Struktur und Überblick, sondern gibt auch die Reihenfolge vor, nach der Sie die Punkte entsprechend abarbeiten sollten. Beginnen Sie den Arbeitstag mit den schwierigsten Aufgaben und nutzen Sie die morgendliche „Primetime". Denn am Morgen ist das Gehirn erholt von der Nachtruhe und verfügt über die beste Leistungsfähigkeit.

   Treffen Sie wichtige Entscheidungen morgens: Der Wirtschafts-Nobelpreisträger Daniel Kahneman beschreibt in seinem Buch *Schnelles Denken, langsames Denken*, dass die Qualität wichtiger Entscheidungen morgens besser ist als am Nachmittag, wenn sich schon ein gewisser Stress- und Erschöpfungspegel eingestellt hat.

   Nutzen Sie das „Eisenhower-Prinzip". Vom amerikanischen Präsidenten Dwight D. Eisenhower ist bekannt, dass er ungemein viel arbeitete, aber dennoch ausreichend Zeit für seine Familie hatte. Sein Geheimnis war eine Matrix, nach der er seine Aufgaben ordnete: „A" für dringend und wichtig: Diese Aufgaben erledigte er sofort. „B" für wichtig, aber nicht dringend: Diese wurden im Anschluss erledigt. „C" für dringend, aber nicht wichtig: Diese wurden delegiert. „D" für weder wichtig noch dringend: Diese wurden gar nicht erledigt.

Schreiben Sie Ihre To-do-Liste per Hand! Der persönliche Stil gefällt dem Gehirn besser und fördert die Motivation, im Unterschied zu den standardisierten Darstellungen des PCs.

3. Sorgen Sie für ablenkungsfreies Arbeiten!

Kommen Sie morgens eine Stunde früher oder bleiben abends eine Stunde länger und nutzen Sie die vorhandene Ruhe im Büro.

Stellen Sie Ablenkungen ab, indem Sie bei Tätigkeiten, die Ihre volle Konzentration beanspruchen, ein Schild mit der Aufschrift „Bitte nicht stören" an der Tür anbringen, das Telefon auf lautlos stellen und das E-Mail-Eingangssignal deaktivieren. Legen Sie sich einen Notizblock parat, auf dem Sie spontane Ideen notieren. So werden Sie nicht weiter abgelenkt und der Einfall geht nicht verloren. Halten Sie Ihren Schreibtisch aufgeräumt, das wirkt Ablenkung entgegen. Halten Sie sich strikt an Ihre persönliche E-Mail-Philosophie.

5.3 Zehn Tipps für flow-gerechtes Arbeiten

4. Machen Sie eins nach dem anderen!

Fallen Sie nicht auf den Mythos Multitasking herein. Das Betriebssystem unseres Gehirns ist von Natur aus so angelegt, dass es – besonders wenn wir mit hoher Konzentration arbeiten – eines nach dem anderen erledigt. Studien belegen, dass die Arbeitsweise „eins nach dem anderen" nicht nur die Qualität erhöht, sondern um ca. 25 Prozent Zeit spart.

5. Planen Sie Ihre Pausen!

Die Axt eines Holzfällers, der den ganzen Tag Bäume schlägt, wird stumpf. Die Axt eines Holzfällers, der seine Axt regelmäßig schleift, bleibt scharf und er wird am Ende des Tages mehr Bäume gefällt haben, obwohl er zum Schleifen der Axt regelmäßige Pausen gemacht hat. Schleifen auch Sie Ihre Axt, indem Sie alle 90 bis 120 Minuten eine Regenerationspause von 10 bis 15 Minuten einlegen. Planen Sie diese Pausen fest in Ihrem Terminkalender ein und machen Sie diese zu einem „heiligen" Termin.

6. Machen Sie einen Power-Nap!

Was wenige wissen, ist, dass die menschliche Leistungsfähigkeit eines Tages aus zwei Halbzeiten besteht. Wer sich mittags für nur 15 bis 20 Minuten zurückzieht, den Hosenbund öffnet und die Schuhe auszieht, die Augen schließt und döst, macht sich fit für den Nachmittag. Vergleichsstudien belegen, dass Konzentration, Kreativität und Reaktion nach einem kurzen Power-Nap deutlich höher sind als bei Personen, die dies nicht tun. Im Spitzensport, wo es permanent um Höchstleistungen geht, ist der Power-Nap oder die Mittagsruhe fester Bestandteil. Bei US-Kampfpiloten ist er sogar Pflicht.

7. **Tappen Sie nicht in die Perfektionismus-Falle!**
Perfektionismus raubt Zeit und macht unzufrieden. Ein Perfektionist will alles perfekt machen. Er findet selbst an der besten Arbeit noch einen Makel und ist niemals zufrieden mit sich. Fakt ist: Bis auf wenige Ausnahmen reicht es in der Arbeitswelt aus, die Dinge gut zu erledigen. Der Unterschied zwischen „gut" und einem „sehr gut" kommt in der Regel gar nicht zum Tragen, weil er meist nur im Kopf des Perfektionisten besteht und von Außenstehenden oft gar nicht wahrgenommen wird.

8. **Sehen Sie Fehler als Lernchancen!**
Fehler gehören zum Lernen und zum persönlichen Wachstum. Sie stellen wichtige Feedback-Geber dar und zeigen, wo persönliche Schwachstellen liegen, die es zu beseitigen gilt. Mark McCormack, Gründer der mittlerweile weltgrößten Sportvermarktungsagentur IMG, bringt es auf den Punkt: Erfolg kann langfristig nur dann entstehen, wenn man mindestens jeden Tag einmal Mist gebaut hat, einmal an einen Punkt gelangt ist, an dem man allein nicht weiterkommt und einen Kollegen um Rat gefragt hat.

5.3 Zehn Tipps für flow-gerechtes Arbeiten

9. Versiegeln Sie Ihren Arbeitstag!

Wie Sie sich morgens mental auf den Arbeitstag eingestimmt haben, sollten Sie ihn abends ausklingen lassen. Nehmen Sie sich die Zeit, ihn nochmals bewusst vor Ihrem geistigen Auge Revue passieren zu lassen. Daraus entstehen Stolz und Zufriedenheit. Sie gehen mit einer ganz anderen Stimmung in den Feierabend, als wenn Sie Hals über Kopf den Stift fallen lassen, um in letzter Sekunde noch die Bahn zu erreichen. Gewöhnen Sie sich an, den hinter Ihnen liegenden Arbeitstag mit einem Ritual zu versiegeln: Blumen gießen, ein Lied summen, während Sie den Schreibtisch aufräumen, oder Ähnliches. Solch ein Abschiedsritual läutet den Feierabend ein und schafft die wichtige Distanz zwischen Berufs- und Privatleben.

10. Lächeln Sie!

„Das Lächeln, das Sie aussenden, kehrt zu Ihnen zurück!", sagt ein indisches Sprichwort. Denken Sie einmal drüber nach.

Wie viel Flow Sie an Ihrem aktuellen Arbeitsplatz erfahren, ermitteln Sie mit der Job-Inventur. Mit ihr lassen sich Potenziale bergen und Ansatzpunkte entwickeln, wie Sie Ihre Arbeit flow-gerecht strukturieren und organisieren.

Fast Reader

1. Was bedeutet Flow?

Ausgangspunkt für das Flow-Konzept war die Entdeckung des Psychologie-Professors Mihály Csíkszentmihályi, dass Menschen bestimmte Rahmenbedingungen benötigen, um höchste Motivation und Schaffensfreude bei der Arbeit zu entwickeln. Mit dem Begriff Flow beschrieb er diesen außergewöhnlichen Schaffenszustand. Gleichzeitig definierte er konkrete Rahmenbedingungen, die es zu erfüllen gilt, wenn wir in diesen außergewöhnlichen Leistungszustand eintreten wollen.

Wenn wir diese Rahmenbedingungen berücksichtigen und in unseren Arbeitsalltag integrieren, arbeiten wir mit Schaffensfreude und höchster Energie. Damit wird die Arbeit zur Glücksquelle.

2. Die Hintergründe des Flows

Flow erhöht nicht nur unsere Schaffensfreude und unsere Produktivität, sondern fördert nachhaltig unsere Gesundheit. Dabei kommt es zu einem Paradoxon: Wir arbeiten im Flow deutlich produktiver und effizienter, benötigen jedoch deutlich weniger Energie, als wenn wir mit Anstrengung und Willenskraft arbeiten. Somit spart Flow Energie und schont unsere Ressourcen.

Forscher haben herausgefunden, dass während des Flows im Gehirn bestimmte Botenstoffe ausgeschüttet werden, die positiv für unser inneres Gleichgewicht und unsere Psyche sind. Wir fühlen uns glücklich und zufrieden. Insofern stellt Flow ein hochwirksames Mittel gegen Burnout und chronische Erschöpfung dar.

3. Flow-verhindernde Arbeitswelt

Durch den Einzug von PC, Smartphones und Internet hat sich die Arbeitswelt radikal verändert. Die digitale Datenflut, die Gefahr permanenter Ablenkung sowie der Mythos vom Multitasking gefährden unsere Konzentration und reduzieren unsere Produktivität.

Das Flow-Konzept hilft, diese modernen Ablenkungen unter Kontrolle zu bringen, sie zu strukturieren und positiv zu nutzen, anstatt von ihnen kontrolliert zu werden. Durch diese klaren Spielregeln wird die Arbeit in der modernen Arbeitswelt leichter, wir schonen Ressourcen und erhöhen gleichsam unsere Produktivität.

4. Flow und innere Einstellung

Negativer Stress ist kontraproduktiv für Flow. Flow benötigt einen entspannten Zustand. Insofern gilt es, zu verstehen, dass Flow nur dann eintreten kann, wenn man sich bewusst entspannt bzw. dafür sorgt, nicht unter negativen Stress zu geraten. Dazu gehört, regelmäßig Pausen zu machen, diese zur Aufladung der persönlichen Batterien zu nutzen und gezielte Entspannungstechniken anzuwenden. Eine bewusste Tiefenatmung ist dabei der Königsweg, die einfach zu erlernen und die für jedermann zu jeder Zeit anwendbar ist.

Es kommt darauf an, zu verstehen, dass der Stress oft nur in unserem Kopf und die Folge unserer eigenen Einstellung ist. Indem wir uns bewusst werden, dass uns solche „inneren Antreiber" kontrollieren, schaffen wir die Voraussetzung dafür, diese zu eliminieren. Durch die

Anwendung des mentalen Trainingsprogramms BRAIN ist eine solche Veränderung in wenigen Wochen möglich.

5. Flow-gerechtes Arbeiten

Mit einer Job-Inventur können Sie ermitteln, wie viel Flow in Ihrer tagtäglichen Arbeit steckt. Indem Sie Ihre Arbeit kritisch analysieren und Ihre persönliche Einstellung aufrichtig hinterfragen, erhalten Sie wertvolle Hinweise, an welchen Stellschrauben zu drehen ist, um mehr Zeit im Flow zu verbringen.

30

Eine entsprechende Strategie und klare Tipps und Tricks zeigen, dass es für jedermann möglich ist, den eigenen Arbeitsplatz flow-gerecht zu gestalten und ihn zur Glücksquelle zu machen.

Der Autor

Markus Hornig, Mentaltrainer und Coach, ist Geschäftsführer der MOVING – Gesundheitsmanagement GmbH, die zahlreiche deutsche Unternehmen im betrieblichen Gesundheitsmanagement betreut. Des Weiteren ist er als Coach im Spitzensport und in der Wirtschaft tätig. Seit Oktober 2011 ist er Mentaltrainer der deutschen Fußball-Nationalmannschaft der Frauen.

Markus Hornig kommt ursprünglich selbst aus dem Profisport. Er arbeitete bis Ende der 90er-Jahre als Tennisprofitrainer auf der ATP-Tour und war acht Jahre lang Bundesliga-Cheftrainer in Stuttgart, Hannover, Berlin. Namhafte deutsche Daviscup-Spieler wie Markus Zoecke, David Prinosil, Nicolas Kiefer und Philipp Petzschner wurden von ihm trainiert.

Kontakt:

Markus Hornig
Gartenstraße 99
10115 Berlin

E-Mail: mmhornig@gmail.com

Weiterführende Literatur

- Badura, Bernhard, et al.: Fehlzeiten-Report 2009, Arbeit und Psyche: Belastungen reduzieren – Wohlbefinden fördern, Springer Verlag, 2010

- Csíkszentmihályi, Mihályi: Lebe gut! Wie Sie das Beste aus Ihrem Leben machen, New York, Klett-Cotta, 2000

- Csíkszentmihályi, Mihályi: Flow, das Geheimnis des Glücks, 9. Auflage, New York, Klett-Cotta, 2001

- Csíkszentmihályi, Mihályi: Flow im Beruf, 2. Auflage, New York, Klett-Cotta, 2004

- DAK Gesundheitsreport 2011, IGES Institut GmbH

- Dragano, Nico, et al.: Arbeitsbedingte Gesundheitsgefahren bei älteren Beschäftigten im Spannungsfeld zwischen Markt und Staat, 2012, www.boeckler.de

- Iyengar, Sheena: When choice is demotivating. Journal of personality and social psychology, 2000

- Kaluza, Gert: Gelassen und sicher im Stress, 3. Auflage, Heidelberg, Springer Medizin Verlag, 2007

- Klein, Stefan: Zeit – der Stoff, aus dem das Leben ist, Fischer Taschenbuch Verlag, 2008

- McCormack, Mark: What they don't teach you at Harvard Business School, Verlag Profile Books, 2003

- Schnabel, Ulrich: Muße, Karl Blessing Verlag, 2010

- Unger, Hans-Peter/Kleinschmidt, Carola: Bevor der Stress krank macht, 5. Auflage, München, Kösel Verlag, 2009

- Väth, Markus: Feierabend hab ich, wenn ich tot bin, 3. Auflage, Offenbach, GABAL Verlag, 2011

Weblinks

- http://www.bild.de/sport/wintersport/wintersport/ich-habe-gedacht-ich-sei-unzerstoerbar-14920984.bild.html (Maier)

- http://www.brandeins.de/magazin/zu-viel-ueberleben-im-ueberfluss/sie-haben-ablenkung.html (Basex)

- http://www.deutsche-rentenversicherung.de/cae/servlet/contentblob/225776/publicationFile/250424/heft_225779_dannenberg_hofmann_kruse.pdf (S. 36)

- http://www.stern.de/presse/vorab/stern-umfrage-leistungsdruck-im-beruf-stresst-die-deutschen-am-meisten-539010.html (S. 36)

- http://www.stern.de/wissen/mensch/stress-unter-druck-stuerzt-das-denken-in-den-keller-577207.html (Hüther)

- http://www.spiegel.de/spiegel/print/d-62236077.html (McEwen)

- http://www.wido.de/fileadmin/wido/downloads/pdf_pressemitteilungen/wido_pra_pm_fzr10_0710.pdf (S. 36)

Register

3-E-Formel 33

Ablenkungs-Reflex 41
Alpha-Zustand 27f., 55
Antreiber, innere 67-72, 91
Arbeitswelt 6, 13, 16f., 23, 34,
    37ff., 41, 46, 49, 51, 54, 87, 90f.
Arbeitszufriedenheit 10, 47f.,
    77, 83
Atmung 26, 46, 58-63

BRAIN 70f., 92
Burnout 7, 30, 33f., 38, 90
Burnout-Falle 33, 35, 38
Burnout-Syndrom 23, 30, 33, 55

Csíkszentmihályi, Mihályi 7,
    10ff., 16, 24, 28, 49, 89

Denkfallen 39
Dopamin 28f.
Druck 6, 46, 48, 56
Dynaxität 37

Einstellung 9, 31f., 53, 63ff.,
    71ff., 82, 91f.
Energiesparmodus 25
Entspannung 26ff., 53, 59f.

Feedback 15, 50f., 87
Flow-Konzept 7, 10, 12, 16, 30,
    51, 89, 91

Gesundheit 7, 23ff., 31f., 35, 39,
    83, 90

Herausforderungscharakter
    12f.
Hier und Jetzt 14f., 38, 45f.,
    72, 78
Hochgefühl 11

Information Overload 39ff.

Job-Inventur 75f., 88, 92

Kohärenz, kardiale 26
Kontrolle 15, 32, 35, 55, 69,
    76, 91
Konzentration 13f., 16, 25, 28,
    42-46, 51, 55, 57, 59f., 72,
    85f., 90

Motivation, intrinsische 12f.
Mühelosigkeit 16
Multitasking 43f., 46, 86, 90

Salutogenese 31f.
Schaffensfreude 9f., 23, 35, 48,
    89f.
Schaffensrausch 9, 11
Selbstvergessenheit 16, 28
Stressfahrstuhl 56
Stresssyndrom, ultradianes 57,
    59

Zeitempfinden, subjektives 15
Zeitmanagement 46f.
Ziel, klares 12f., 19